LE BLANC DE L'ALGÉRIE

Assia Djebar est née à Cherchell, en Algérie. Universitaire et cinéaste, elle publie très jeune, en pleine guerre d'Algérie, *La Soif*, *Les Impatients*, puis *Les Enfants du Nouveau Monde* et *Les Alouettes naïves*.

Après plusieurs années de silence, viennent un recueil de nouvelles, *Femmes d'Alger dans leur appartement* (réédité en 2002 et augmenté d'une longue nouvelle), des romans qui mêlent autobiographie et histoire algérienne : *L'Amour, la fantasia*, *Ombre sultane* et *Vaste est la prison*, récits et nouvelles dont *Loin de Médine*, *Le Blanc de l'Algérie*, *Oran, langue morte*, *Les Nuits de Strasbourg*. Son dernier roman, *La Femme sans sépulture*, qui met en scène une héroïne de la guerre d'Algérie disparue au maquis, a paru au printemps 2002.

Après avoir dirigé le Centre d'études françaises et francophones de l'Université de Louisiane, elle enseigne aujourd'hui à New York University. Elle est lauréate, en 1996, du prestigieux Neustadt International Prize for Litterature, et, en 2000, du Grand Prix de la Paix allemand.

ASSIA DJEBAR

Le Blanc de l'Algérie

RÉCIT

ALBIN MICHEL

En souvenir de trois amis, disparus :

Mahfoud BOUCEBCI
M'Hamed BOUKHOBZA
Abdelkader ALLOULA

« Hâtez-vous de mourir, après vous parlerez en ancêtres... »

Kateb YACINE,
L'Œuvre en fragments.

« Si j'avais le pouvoir de donner une voix à la solitude et à l'angoisse de chacun d'entre nous, c'est avec cette voix que je m'adresserais à vous. »

Albert CAMUS,
Alger (Conférence, le 22.1.56).

J'ai voulu, dans ce récit, répondre à une exigence de mémoire immédiate : la mort d'amis proches (un sociologue, un psychiatre et un auteur dramatique) ; raconter quelques éclats d'une amitié ancienne, mais décrire aussi, pour chacun, le jour de l'assassinat et des funérailles — ce que chacun de ces trois intellectuels représentait, dans sa singularité et son authenticité, pour les siens, pour sa ville d'origine, sa tribu.

S'est installé alors en moi le désir de dérouler une procession : celle des écrivains d'Algérie, depuis au moins une génération, saisis à l'approche de leur mort — celle-ci accidentelle, par maladie ou, pour les plus récents, par meurtre.

Je ne polémique pas ; ni non plus ne pratique l'exercice de déploration littéraire. Le plus simplement possible (et, pour certains, après enquête auprès de quelques proches) je rétablis le récit des jours — avec parfois des signes naïfs, des présages — à l'approche du trépas.

Le Blanc de l'Algérie n'est pourtant pas un récit sur la mort en marche, en Algérie. Peu à peu, au cours de cette procession, entrecoupée de retours en arrière dans la guerre d'hier, s'établit, sur un peu plus de trente ans et à l'occasion d'une vingtaine de morts d'hommes — et de femmes — de plume, une recherche irrésistible de liturgie.

Se regroupent, se rassemblent puis se dispersent, autour de ces écrivains couchés définitivement (certains, alors que leur roman ou tel article restait inachevé, l'encre pas tout à fait séchée), les survivants, leurs lecteurs et amis, « ceux de leur famille » plus spirituelle que forcément de généalogie. Ceux-ci ont tantôt versé dans les pratiques traditionnelles (surtout religieuses) au moment de l'inhumation ; mais certains — comme, par exemple, à l'enterrement de Kateb Yacine, en novembre 1989 — ont tenu à déclamer des slogans : jeunes associations berbères, groupes féministes. On a chanté tout autant l'hymne national de l'indépendance : plusieurs styles se sont affrontés au bord des tombes ouvertes.

Pour ma part, soutenue par mon souci d'un récit scrupuleux, j'ai été amenée à constater que de nouveaux rituels se mettaient à l'œuvre : l'écrivain une fois mort, et ses textes pas encore rouverts, c'est autour de son corps enterré que s'entrecroisent et s'esquissent plusieurs Algéries...

Une nation cherchant son cérémonial, sous diverses formes, mais de cimetière en cimetière, parce que en premier, l'écrivain a été obscurément offert en victime propitiatoire : étrange et désespérante découverte !

I

La langue des morts

1. Ces chers disparus ; ils me parlent maintenant ; ils me parlent. Tous les trois ; chacun des
trois.

Mes amis me parlaient en langue française,
auparavant ; chacun des trois, en effet, s'entrete-
nait avec moi en langue étrangère : par pudeur, ou
par austérité. Sauf Kader, dans une exubérance
tempérée — du moins, au bout de la première
année d'une amitié devenue lentement familière,
puis familiale — : il s'oubliait à improviser dans
son arabe à l'accent oranais, dans le récit d'anecdotes qu'il ponctuait de « ouah, ouah » — le « oui »
façon marocaine —, ce dont parfois je me
moquais. Or je répondais, à lui comme aux deux
autres, en français ; faute de mieux, par neutralité.

(Les rares fois, me semble-t-il, où j'ai dû commencer spontanément une phrase dans mon dialecte citadin, je sus aussitôt que je lui paraissais
précieuse — à Kader —, peut-être même surannée,

cela à cause de la douceur des dentales dans l'accent des femmes de chez moi — je suis revenue vite à l'impersonnalité française. Une seconde, à l'étincelle de son regard, je compris : conversant en arabe ensemble, nous devenions, par excès, moi une bourgeoise des temps anciens, et lui, un villageois rude et fruste !... Non, nous ne paraissions ainsi différents que par des atavismes soudain entrevus dans les variations de la langue maternelle !)

Comme si le non-dit que comportait nécessairement une amitié précautionneuse à s'exprimer entre un homme et une femme de ma terre, comme si la pulsion de silence, cette herse sous-jacente qui tentait d'effriter la plus simple de nos communications, la langue des aïeux, prête à sourdre, était là pour s'en engorger.

2. Ainsi, autrefois, je veux dire dans la vie, nous bavardions — chacun de ces trois amis et moi, en langue française — mais cette nappe coulait toujours au-dessus d'une autre, ombreuse, la phréatique, l'invisible qui pouvait jaillir.

A présent ?

A présent, chacun de ces chers disparus et moi, à intervalles irréguliers, nous parlons pleinement en français. Cette langue coule, ou se tisse, ou s'emmêle, mais ni masquée ni figurante voilée prenant la place d'une autre, la sœur de nuit ; non, elle se déploie entre nous, vraiment elle-même, comment dire, à part entière. Tardivement, notre parler devient si simple !

D'ailleurs, pourquoi je les nomme « disparus », seulement pour atténuer ce « chers » qui s'enracine dans une tendresse, une limpidité arabes ? Ont-ils vraiment disparu ? Non : je m'entête contre l'évidence ; je refuse jusqu'au bout, jusqu'à la fin de cette déambulation, de cette remémoration de l'« après », de ce que j'appris d'eux dans cet après... Certes, je devrais m'en convaincre, je fixe si souvent — quelquefois en plein jour, au milieu d'une banale activité avec d'autres, avec tous les autres, eux, les solaires, les bien-portants — je fixe l'image du dernier instant : quand ils sont tombés l'un après l'autre, abattus, l'un debout, dressé de toute sa haute taille, au pied de l'escalier de son immeuble, lui la tête en une seconde trouée, le second, et le troisième, poitrine lacérée, déchirée au couteau, et ils le cernent, et ils l'ensanglantent, et...

Je me trouve au milieu des survivants, quelquefois l'instant d'un midi cru et blanc, sur une avenue parisienne, parfois dans une ville où j'ai débarqué deux heures avant, je parle ou j'écoute, je regarde dans une lampée les visages, les maisons, les façades en brique, le soleil resplendissant — alors l'ultime plan-séquence déchire l'air dans un ralenti, son coupé, je me sens soudain égarée au milieu des autres... Cela fait plus d'un an pour Kader, presque deux ans pour M'Hamed et pour Mahfoud, qu'ils me hantent en plein jour, n'importe où mais ailleurs, loin de la terre où on a cru les enterrer... On les a enterrés ? L'un après l'autre ? Avec des discours, des harangues, des chants, des photographes, avec... ? Ils dorment vraiment là-bas ?

Heureusement, ils me parlent souvent, ces « chers ». Ce *dear* que je pourrais leur dire dorénavant, sans fausse pudeur, en arabe, mon arabe à moi aux dentales écrasées. Ils n'ont pas disparu ; ils sont là ; ils m'approchent parfois, ensemble ou séparément... Ombres qui murmurent.

3. Ainsi est survenu, dans une lumière d'un gris de scintillement, le bruit de la langue, de leur langue à eux trois, chacun tour à tour, et ensemble aussi, avec moi : un français sans nerfs, ni nervures, ni souvenirs, un français à la fois abstrait et charnel, chaud par ses consonances. « Leur » français à eux, mes amis — ainsi ils ont disparu, finirai-je vraiment par le croire, par le savoir — tandis que, délivré du linceul du passé, le français d'autrefois désormais se régénère en nous, entre nous, transmué en langue des morts.

Ils me parlent désormais, mes proches, mes alliés, certainement pas comme les ancêtres que, dans l'enfance, ou dans notre adolescence cahoteuse, nous convoquions, chacun de nous, ardemment ou hargneusement — pour ma part, dans mes dialogues de confrontation avec la grand-mère possessive, ni oublieuse ni oubliée. Ils viennent à moi, mes amis, je ne les ai pas appelés, bien sûr ils auraient dû rester dans ma compagnie, bien présents, comme autrefois réservés, peu loquaces, alors qu'ils se sont hâtés, ils m'ont devancée, là-bas, si loin... Or ils me parlent à présent, et pleinement.

Tout de même, ils m'ont devancée : parfois l'amble de leur démarche se balance à l'horizon, au milieu d'une prairie, ou dans un rai de soleil vivace.

4. Ils se présentent tantôt en cercle au-dessus de mon lit — assis comme des saints d'images naïves, sans auréole sur la tête —, tantôt silhouettes solitaires, l'un plutôt que l'autre chuchotant tel ou tel souvenir, lui redonnant la signification autrefois suspendue, ou incertaine, tantôt dans cette conver-

sation qui s'emmêle, qui se tresse, qui palpite — elle frange ma sortie du sommeil d'avant l'aube —, je ne sais plus qui parle, de moi ou de celui qui approche ; je ne sais pas encore qui est le fantôme — moi, à mon tour, qui me mets à flotter, horizontale dans l'éther, oreilles béantes, paupières fermées à peine et mon sourire paisible dans la pénombre — le premier d'entre eux avec sa mine habituelle, M'Hamed, si c'est vraiment lui, je distingue sa raideur, son visage brun osseux, il se tient debout, le même complet-veston d'autrefois, un peu étroit, il tangue, il se redresse, un frôlement de sourire au-dessus de sa fine moustache brune — je ne sais plus si cela se passe comme il y a vingt ans, dans son bureau, lui et moi absorbés entièrement dans le commentaire sociologique que j'expose, moi présentant donc l'enquête terminée, lui sous-entendant que tous les moyens — « moyens techniques et humains », disait-on pompeusement dans le français bureaucratique — avaient été utiles, mais ce n'est peut-être pas aussi loin en arrière, seulement quelques mois avant qu'il soit parti, nous nous trouvons trois (plutôt, nous conversons à présent comme lorsque nous étions trois), le troisième, l'ami commun, nous sommes installés chez moi, dans la petite maison de banlieue, nous parlons tous deux sérieusement, mais l'ami commun plaisante, bouscule la raideur de M'Hamed et je baisse les yeux — c'est cela que nous évoquons à présent à deux, dans ce langage neuf qui a tout effacé de nos réticences mutuelles, de nos retenues d'autrefois.

5. Je me trouve en Californie ; je dors, ou plutôt je ne peux m'endormir à mes heures ordinaires : alors, l'ami s'est transporté au-dessus de l'Atlan-

tique, puis a flotté à travers tout l'Ouest américain, pour, à cette heure ni de nuit ni de jour, se mettre à me révéler, presque à demi-mot, pourquoi, l'autre fois, dans la maison de banlieue, il avait souri d'indulgence à cause de l'ami commun, notre intercesseur à l'humeur si fantasque, lui l'impatient, le farceur... M'Hamed m'entretient de ces simples détails, presque de famille : et nous murmurons l'un et l'autre, là, dans ce lieu éloigné.

J'ai déjà dit que nous parlons français. Pas comme avant. Pas par prudence, ni par bienséance, pour voiler notre gêne imperceptible, notre raideur commune. Là, en terre américaine, notre français d'avant l'aube se déroule aussi simple, après tout, qu'aurait dû être la langue maternelle que nous partageons.

Ainsi, auparavant, chers amis, réussissions-nous si mal à dialoguer pleinement ? Notre français se faisait de parade, habit de cérémonie...

6. M'envahit d'un coup l'ébranlement du doute, ou d'un regret — juste avant les rides de l'aurore, entre les eaux d'un temps ni nocturne ni diurne, dans une durée sourde de fleuve sombre — : dorénavant, auprès de vous, qu'ai-je acquis après la faille, après l'irréparable ? Est-ce qu'enfin je vais pouvoir pleurer ? Non pas vous pleurer, vous m'accompagnez encore, vous montez même près de moi la garde, je le sais, pas vous pleurer, non. *(Cela voudrait dire que j'aspire à retourner, là-bas, au milieu du sang qui gicle, faces de jeunes tueurs surgissant, une seconde, dans l'œil de l'orage, je ne pourrais que me déprendre de vivre là-bas, sur votre sillage m'enfuir !)*

Déplorer plutôt l'impossible du dialogue d'hier entre nous, le nœud invisible qui déviait notre parole entrecroisée, le voile-suaire qui me faisait rentrer devant chacun de vous mes élans — et mon rire ne s'apercevait que sourire, ma joie montante s'endiguait pour paraître hésitation à dire oui — sauf une fois avec Kader.

7. Vers lui j'étais allée, ce jour de fin d'hiver — là-bas, s'exhale alors une lumière de blanc diaphane, presque irréelle, qui allonge ces journées denses, légères pourtant... J'avais pris l'avion, mes autres amis partaient pour Carthage, ou Sidi-Bou-Saïd : nous avions bien travaillé ensemble, est-ce que, moi aussi, je me laisserais tenter par ces trois jours de vacances ? Mais soudain au téléphone je m'adressai à Kader : « Vous vous souvenez : vous m'avez promis de me faire connaître tout Oran ! Tout ! Je viens ? »

Je ne lui dis pas que j'allais sacrifier l'escapade en groupe à Tunis et à Carthage — trois ou quatre camarades joyeux se précipitant vers d'autres qui les attendaient.

Nous allâmes ensemble à l'aéroport ; moi, les quittant pour la direction opposée. Je m'envolai pour Oran ; pour Kader dans Oran (les semaines précédentes, il venait d'Alger régulièrement jusqu'à Tipasa, partager nos soirées). Je m'envolai pour l'Oran de Kader, la ville et ses tréfonds, qu'il m'avait esquissée...

Je le vouvoyais alors. Pas encore la familiarité. Un peu la famille, cette fois : trois sœurs, comme au théâtre, sans la mélancolie ; l'une d'entre elles, sa jumelle presque (les yeux larges, la silhouette haute et harmonieuse, surtout un élan contenu dans chaque geste pour aller vers les autres, vers le monde). Le temps de déjeuner, de quelques rires étouffés ; d'autres jeunes filles arrivaient. Mais nous partîmes à deux pour la découverte qu'impatiente, j'attendais : pour la ville.

Là-haut, le pic Murdjadjo, en bas, loin, Mers el-Kébir et le cap Falcon, à l'est, la baie d'Oran, le port et ses docks... En même temps que l'on découvrait les pins du ravin des Planteurs (à l'autre extrémité, Bordj el-Ahmar, qu'on aperçoit : « Au sommet, vous voyez, c'est le fort des Cigognes »), qu'on roulait ensuite en voiture en plein centre (« Là, l'ex-lycée Lamoricière » et moi, toute fière : « Les deux lions de pierre, œuvres du sculpteur Cain ! »), au fur et à mesure qu'on sillonnait la ville éclaboussée de cris, de rires, encombrée de garçons (oh, les garçons d'Oran, partout, en biais contre un mur, à la verticale, au soleil, à chaque carrefour, guetteurs, rieurs, circonspects !), notre navigation se nourrissait peu à peu des souvenirs de Kader.

Je le harcelais : « Dites-moi ! Montrez-moi les endroits secrets ! Je veux voir les lieux clandestins, vous vous souvenez, nous avons évoqué une fois des persécutions contre les syndicalistes, cette pourchasse, surtout à Oran ! — Mon ami de toujours, mon frère, dommage qu'il ait embarqué cette fois, pour trois mois au moins ! Nous aurions dîné, dans une gargote, par là, vous voyez ! Peut-être qu'à la fin de la soirée il vous aurait répondu !... » Et nous arpentions les quais ; un peu plus tard, la promenade de Létang (« oh, me souvenais-je. Je l'ai vue sur plusieurs cartes postales, avec les élégantes pieds-noirs du début du siècle, sous les bellombras et les platanes !... Vous voyez : je la reconnais, votre ville ! »). Il riait de mon ardeur goulue à apprendre les lieux, à désirer boire leur histoire, leur mémoire. Je ne cessais pas : « Montrez-moi au moins les cafés pour mauvais garçons ! » Après une hésitation, plus bas : « Et je

sais que vous êtes l'ami des chanteuses licen-
cieuses ! »

Ainsi nous allions, ce jour-là, tantôt avec hâte, et parfois dans une lenteur silencieuse. Tard, je m'écroulai de fatigue chez l'amie médecin qui m'hébergeait.

8. Est-ce que j'en parle avec toi, à présent ? Je revis cette parenthèse oranaise, maintenant je te tutoie, Kader de ma famille, je revois cette lumière blanche d'une journée qui fut si longue, les derniers vols migrateurs des martinets envahissaient, puis désertaient d'un coup ou par froissements multipliés les platanes de l'avenue coloniale. Est-ce toi, à présent à la fenêtre, dans cette demi-aube grise qui me rappelle la lumière délavée, épurée, du jour d'autrefois, je t'avoue seulement mainte-nant mon épuisement de ce soir-là chez l'amie qui te connaissait, tu n'étais pas encore remarié, tu n'avais pas encore ta dernière fille.

Tu as dû tant de fois dévoiler à d'autres la ville nue, tumultueuse et impulsive, éraillée, gouailleuse.

Je peux l'avouer maintenant : alors que tu restais si sérieux devant moi (pas en groupe où ton humour, ta jovialité, ton goût des anecdotes repre-naient vite le dessus — peut-être que ma timidité qui semblait calme et froideur t'intimidait en retour ?), dans cette escapade donc de cette fin d'hiver blanc, je levais la tête vers toi qui marchais à mes côtés et je percevais avec acuité combien, parlant de ta ville comme d'une bien-aimée — ton visage se transformait, un sourire l'élargissait, l'éclat des yeux le colorait, tes gestes des bras, du corps restant, eux, maîtrisés — mais ta face, et ta voix surtout, je me suis dit (je te le redis dans la chambre californienne, entre les eaux du sommeil) : « Il me parle français certes, or sa langue soudain caracole, a des ailes, un glissement... Ainsi, son français est oranais ; pas par l'accent pied-noir ; plutôt par la vivacité, le concentré de vie qui secoue son parler ! »

Le lendemain, dans le vaste appartement circulaire, les trois sœurs, les amis, un ou deux cousins de Tlemcen, tous autour de toi en public habituel, moi revenue pour la fête familiale, je t'ai contemplé parmi les tiens et dans la langue maternelle : vous avez chanté, rythmé des mains, raconté chacun son tour une anecdote, le plus souvent chronique de la rue, du marché, du quartier ; nous avons ri et mangé, moi accroupie entre la sœur qui te ressemble et la cadette silencieuse, moi surprenant le théâtre de ton quotidien, toi étant son âtre, et son feu secret...

Quelqu'un me demanda :

— Tu ne connais pas leur mère ?

— Non, pas encore !

A présent, tu me sembles accoudé au rebord de la fenêtre entrouverte et nous entremêlons ces rappels ; en français, je te décris la chaleur de votre langue de l'Ouest, ni d'une citadinité fermée sur elle-même comme mon dialecte, ni d'une rudesse vraiment rurale, à mi-chemin plutôt, métissée de toutes les influences et qui garde un peu du vaste horizon des hauts plateaux. Je te rappelle les scansions de vos rythmes, de vos chants.

Quelqu'un d'autre m'avait redemandé :

— Tu viendrais une autre fois à minuit, la mère serait là, avec sa sœur dont elle est inséparable, les filles danseraient, pour son plaisir à elle, pour sa joie !... Et toi ?

— Je danserais aussi ! affirmai-je, regardant de

côté Kader qui nous apportait à manger. « Le paterfamilias, vous êtes le paterfamilias de toute la tribu ! » remarquai-je, en me laissant servir.

Pourquoi je te raconte, là, près de San Francisco, mes premiers jours d'Oran avec toi ? Tu te tiens proche ; je ne te vois pas, je te perçois : la fenêtre reste entrouverte. La brume va peu à peu se dissiper : je te montrerai alors au fond un peu de la baie... Mais nous parlons d'Oran : tu me rappelles le récit que tu me faisais de Cheikha Remiti, entourée déjà de ses gardes du corps.

Tu ris. Parmi le cercle de tes amis là-bas, au cours de la soirée oranaise, tu leur fais fredonner les litanies de la Cheikha. A présent, presque chevauchant le rebord de la fenêtre — comme si, en même temps que la brume, dans un instant, tu allais te dissiper toi aussi —, tu me murmures, ou tu fredonnes :

— La Cheikha, te souviens-tu d'elle, cette année-là ?

— Certes oui, c'est toi, en ces journées d'Oran, qui m'as raconté le pèlerinage, le premier pèlerinage à La Mecque de la Cheikha. La convaincre ensuite que chanter le vin, l'amour, la volupté à deux restait licite : ce n'était guère facile ; impossible !

Dans l'effervescence de la fête, l'une des sœurs me chuchota que « seul Kader saurait, avec patience et acharnement, influencer la prêtresse du "raï" et la faire revenir un jour à ses "fans" esseulés ».

Le troisième jour, tu partis de bon matin à la capitale, appelé en urgence, me disais-tu, par la haute administration du théâtre. Moi, je pris le dernier avion du soir et, avec un ami algérois, tu vins m'attendre à l'aéroport.

Nous avons marché cette même année si souvent dans Alger, sans la complicité perlée de ces trois jours d'Oran, avec leur charivari — cette vision à deux de ta ville, comme si elle s'inversait sous nos yeux : sur ses hauteurs, nous regardions à nos pieds son tumulte, mais passant devant ses mausolées de saints, ou longeant ses cafés populaires, nous sentions davantage ses secrets, sa mémoire encore nouée. Et tu parlais ! Me reste, dans ces espaces, le frappé de ton verbe, dans chacune des deux langues, l'accent seul et sa vivacité faisant entre elles le pont. Je le sais maintenant, je te le dis en terre américaine : jamais je ne t'ai perçu aussi heureux ! J'écoutais ton rythme intérieur...

9. Je m'endors presque. Tu te tais ; bientôt, un peu de la baie de San Francisco va être visible dans un coin de l'horizon.

Tu te tais : le jour approche, retourneras-tu là-bas, ne serait-ce que pour protéger de ton regard invisible ta dernière enfant : je te supplie de revenir la prochaine nuit, ensommeillée, j'insiste, mais avec douceur.

Auparavant (ces souvenirs datent bien d'il y a dix ans, ou davantage) je te paraissais, je ne sais comment, timide ou intimidante, rieuse à tout propos mais réservée (c'était toi en fait le plus réservé, quelquefois même contraint), certainement pas douce. Non. Je cachais, par prudence, ma propension à rêver toujours à côté, sur l'autre versant du soleil, yeux ouverts.

Non, même à cette nouvelle aube où tu reviens, où nous prenons goût à cette proximité surprenante, je ne te dirai pas tout. (Nous avons d'ailleurs tout le temps ; vraiment.) Tu vois ; je retrouve ton

26

rire muet, qui te secoue la poitrine, qui vibre à l'intérieur.

De mon lit, ainsi penchée, je ne tourne pas la tête vers toi : je te sais dans ton attitude habituelle, enfin, de cette époque-là. Toi, paisible, tranquille, et ton bras plié, la main cachée sous la veste, entre veste et pull-over ; un geste à la Bonaparte. Tu l'as souvent, ce maintien, quand... Lorsque tu écoutais ainsi, je te trouvais plus âgé, plus docte que tu ne l'étais. Rassurant aussi, mais cela, tout le monde le constatait au premier regard. Je te l'avoue maintenant sur un ton presque d'amusement : dans ce cercle de comédiens chevronnés ou assez jeunes, d'actrices débutantes, l'air d'étudiantes sages, et aussi de dames plus âgées, quelquefois des matrones fardées, célébrées auparavant dans les milieux traditionnels comme vedettes de variétés, ou cantatrices de classique andalou, dans ces cercles à Alger et à Oran, je te le dis avec une tendre indulgence : « Tu réconfortais les angoissés, tu exaltais les moindres élans, tu jouais tous les rôles dont tu ne voulais pas sur scène pour toi : le père tranquille, l'ami confident, le guide discret et altruiste, les "bons rôles" donc, ceux des chargés d'âmes !

— Mais tu rappelles, tu rappelles tant de jours perdus ! me réplique tristement Kader (sa voix m'atteint en creux, elle a perdu sa vibration qui scintillait). Nous sommes si loin de cette époque : dix ans, ou davantage ! Le temps est passé.

— Pas seulement le temps », vais-je rétorquer quand, réveillée d'un coup, assise soudain je ne sais comment dans le lit, allumant inopportunément la lampe, je me suis vue dans la chambre, envahie par les premières lueurs d'un jour incertain, traversant les vitres. Vide, la pièce.

Je me suis rallongée, amère : « Ce n'est pas seulement le temps qui est passé, Kader. La vie aussi, la vie ! »

Je monologuais.

Ce matin-là, je ne pus me rendormir.

10. Trois jours suivirent. Plus de visiteurs. Des matinées entières, je plongeais dans le travail : je préparais ma conférence sur « L'inachèvement dans *Le Premier Homme* de Camus ». Je tente de restituer, à force d'auscultations du texte et de ses notes, de vérifications de détails biographiques, les quinze derniers jours de l'écrivain algérois :

« Dans *Le Premier Homme* Camus apparaît dans son naturel, c'est-à-dire dans sa hâte et son angoisse devinée. Il vient de quitter sa maison de Lourmarin où, les dernières semaines, il s'était plongé dans l'isolement et l'effervescence de la dernière écriture ; le lendemain, sur une route lointaine de campagne, il s'est couché sur la route, dans l'embardée de la voiture de son éditeur et ami : ainsi, en ces premiers jours de 1960, Camus a couru, d'un unique mouvement, dans son texte et vers sa mort...

« Oui, la mort est une hache, et elle a laissé l'ombre de sa faux, de son coup, de son fléchissement vers la terre, dans le texte même. Oui, il y a, dans ce roman, à la fois l'œuvre accomplie, et comme un lent surgissement, qui imperceptiblement s'entrouvre, malgré l'absence qui vacille, et le reflet d'une blessure proche : le texte nous présente son flanc ; dans son grain, se perçoit une hésitation de la lumière en même temps qu'un surcroît de vitalité. »

Le troisième jour donc, ma prise de parole à Berkeley. Je lis quelques pages de cette intervention qui tente d'allonger à l'extrême le dernier élan camusien. J'improvise ensuite : sur la non-langue maternelle de Camus. Sa mère, presque muette, reste éternellement assise près de la fenêtre (ainsi ma tante maternelle si douce, installée à Belcourt, et qui psalmodie en ces instants mêmes, dans le chagrin ou la patience, des bribes de versets coraniques).

Des heures après cette conférence, je compris que je m'étais assez longuement justifiée de n'avoir jamais, moi, Algérienne, prêté attention profonde à Camus, sinon en sachant cette fois que j'allais à l'autre bout de la terre, comme pour devoir, malgré moi, le rencontrer à travers ce roman inachevé, qui marque un renouvellement de son art romanesque.

Des heures après, me mettant au lit dans la même chambre, ces dernières nuits, désertée de mes ombres, je compris vaguement pourquoi j'avais été attirée par les derniers mots écrits d'un écrivain, alors qu'il courait vers sa mort. Par sa mère, morte six mois après lui à Belcourt, et pourtant toujours dans l'attente à sa fenêtre.

11. Avant l'aube, le lendemain, ils m'éveillèrent à trois, assis en tailleur, un peu comme dans une miniature persane : eux trois (je ne sais même pas s'ils se connaissaient les uns les autres, s'ils s'étaient autrefois rencontrés), ensemble, sans se donner le mot, ils me souriaient tendrement. Ne parlaient pas. Semblaient contents : de mes efforts, de mon travail trois jours durant ; ayant deviné avant moi mes motivations dans mon creusement entêté d'un texte littéraire.

Je m'étais promenée la soirée précédente dans le quartier italien de San Francisco. Accompagnée d'une étudiante arabe et de deux jeunes Américains parlant un arabe littéraire d'élégance, de beauté, et ce, grâce à un long séjour en Egypte.

J'aimerais bien que vous commentiez cela, vous mes amis ; une nostalgie me reprend de cette langue maternelle que je n'écris pas, langue étincelant devant moi telle une fugitive en robe endiamantée de poésie !...

— Partons en Egypte ensemble ! Continuons nos conversations là-bas, au bord du Nil, et donc dans notre langue retrouvée, faisons miroiter tour à tour son rêve au féminin, sa rudesse cabrée au masculin !

Mes amis retrouvés, je suis prête, malgré toutes mes paresses, ma nonchalance, à aller ainsi hantée par vous en Egypte, bien sûr, en Chine, au bout du monde... Ils se dissipent, ou plutôt je le crois. Soudain, c'est Mahfoud qui explose :

— Lorsque je suis en consultation, je parle avec mes patients la langue qu'ils me parlent, eux !... Savoir ce que reflète actuellement la langue, dans son pouvoir d'émotion, chez nous, n'est-ce pas être d'emblée au centre des mutations ?... Une anecdote significative : je reçois, une fois, un homme de cinquante ans qui me parle longuement dans un arabe classique d'une rare qualité.

« Il ne voulait ni me parler en français — qu'il parlait aussi bien que moi —, ni en arabe dialectal, ni même en berbère. Je n'ai rien dit : il développait un état dépressif simple, avec une problématique névrotique facile à analyser. Je finis par l'interrompre ; je lui conseille une psychothérapie ; mon carnet de rendez-vous était plein pour six mois. Je tente de lui conseiller un confrère : je lui précise que je n'en connais pas capable de le traiter dans son arabe littéraire.

« Il paraît soudain aux abois. Il insiste, tantôt en

français — un français en effet impeccable —, tantôt en arabe, un dialecte très courant. Nous finissons par trouver ensemble un thérapeute. Je ne peux m'empêcher, en le raccompagnant, de lui conseiller :

« — Soyez simplement algérien ! Soyez vous-même — et je pensais, pour moi, que la moitié de sa thérapie serait faite !

La voix de Mahfoud semble soudain s'éloigner — ou est-ce moi qui somnole — quand je sursaute : Mahfoud vient de rire, un rire puissant, un peu aigu vers la fin, en tout cas irrépressible, et je l'entends conclure, en guise d'adieu, comme pour tout un public d'absents :

— Certes, là-bas, je le reconnais, je suis l'emmerdeur de la psychiatrie !

Il me semble seul, dorénavant. Je l'écoute monologuer. Je connais son discours : il n'apprendra jamais l'arabe — enfin l'arabe littéraire —, peut-être le berbère, langue la plus ancienne, que ses grands-parents utilisaient comme seul parler. Il continue longtemps, comme dans une conférence en territoire algérien. Il polémique.

Les autres ont disparu. Je ne l'interromps pas. Je l'écoute sans l'écouter : son ardeur, sa juvénilité, et ses excès dans le ton — toutes ses batailles contre les philistins de sa profession, contre l'administration myope et indifférente aux douleurs, en particulier à l'état d'abandon des enfants orphelins — il ne s'usera jamais, Mahfoud ; même abattu, sa voix un peu nasillarde demeure et perce l'absence.

12. Pourquoi réapparais-tu alors, en arrière, quinze ans auparavant, dans ces soirées pleines d'une gaieté si continue : mon salon, cette saison,

s'emplissait de quinze, de vingt invités — nous décidions le matin, Bahdja qui faisait la cuisine acceptait de préparer un couscous (« Pour quinze ou pour vingt, où est la différence ? » — elle s'y mettait aussitôt, elle se réjouissait à l'avance de la fête).

Pour supprimer assez tôt le ressassement par certains des chroniques algéroises, nous étions deux, ou trois, les mêmes, à exiger : « De la musique, des chants, de la danse ! »

Tu te souviens, Mahfoud, un soir, deux soirs, trois soirs : au moins ! Le seul homme avec qui je pouvais danser, moi qui prétendais, qui prétends encore ne danser que seule : je ne sais comment, tu devins la première fois mon partenaire.

Moi, intimidée, n'osant par amitié te dire mon recul ; soudain, à cause du rythme choisi ou à cause vraiment de toi, contre toi je glissais, je virevoltais, je bondissais : la danse à deux s'éternisait — grâce à quoi, à ta légèreté, à ton bonheur du corps, à ta sûreté de danseur ? Je croyais ne jamais pouvoir danser « leurs » danses — la valse, pas le tango, non, mais la java, mais le swing, mais... Tu demandais, au cœur du rythme même : « Qu'est-ce que tu veux dire par "leurs" ? » Je n'osais te révéler que j'étais plus primitive que toi, plus... La danse ne cessait pas, je m'étourdissais, sans que mes pieds, précis, ne s'arrêtent, cela pourrait durer la nuit entière, les faces des autres dans un tournis, le salon trop petit, il nous faudrait une scène infinie, nous nous élançons, nous ployons en parallèle, moi, heureuse de découvrir que danser en couple peut devenir plaisir pur, et non exhibition. Mon aisance enfin : tu ne me touchais pas, à peine un frôlement sur le bras ou le coude, tu me ramenais à toi, tu semblais si léger, si...

Entre deux danses, je finis par m'asseoir : laisser la place aux autres, te voir danser avec d'autres, vérifier, des yeux, d'où te venait ta grâce, et ta maîtrise. Je cherchais des yeux Annette, ton épouse. J'insiste auprès d'elle soudain : « Danse maintenant, que je vous contemple ensemble !... Je te l'avais volé ! », et Annette : « Cela ne me dit rien, mais c'est vrai, Mahfoud danse si bien ! »

Je reprends mes danses en solitaire, tandis qu'autour de moi, trois ou quatre couples tournoient. Si reconnaissante ensuite de cette découverte, te dire, essoufflée encore : « Ainsi, l'on peut danser à deux, avec la même ivresse ! » Je me souviens m'être exclamée devant tous, peut-être la seconde fois, ou la troisième, puisque c'était entendu, nous nous convenions assez bien pour la danse : — « Ô Mahfoud, toi dont on dit que tu es le meilleur psychiatre de la ville, ô Mahfoud — et de me remettre, haletante, à cette samba —, tu es vraiment le meilleur danseur de la ville ! Je l'affirme ! »

Je te rappelle cette complicité... Je nous imagine désormais à demi enlacés pour planer, comme dans un tableau de Chagall, en plein ciel d'Alger, au-dessus de leurs génuflexions, de leur suspicion, de leurs miasmes fiévreux, de leur religiosité débordante...

13. Dans la matinée, quelques heures plus tard, je traîne sur le campus de l'université : le plaisir d'être spectatrice. Midi : aujourd'hui, exceptionnel happening pour dénoncer l'actualité mexicaine. Une marionnette géante surplombe la foule curieuse : « Le président mexicain ! » Les guérilleros arrivent — enfin, des étudiants dans ce rôle romantique : deux ou trois sont applaudis.

Je croise Naïma, une physicienne compatriote,

installée là pour au moins deux ans. Je quête auprès d'elle des nouvelles d'Alger.

— Je suis arrivée trop tard au kiosque pour avoir droit à un journal français !

— La répression à Barberousse annonce presque cent morts : mais c'est au moins deux cents, le chiffre plus exact !

— Barberousse ? me demandera l'étudiante arabe qui tente de m'apaiser.

Je lui explique la force symbolique du lieu : une prison, sur les hauteurs d'Alger, où la guillotine française, en 1956, a eu ses premières victimes. Le pouvoir actuel vient de « réprimer une mutinerie » : certes, trois, quatre gardiens ont été tués — et affreusement — par les mutins ; le lendemain matin, « les forces de l'ordre » sont entrées dans la prison, ont dû tirer dans le tas : deux cents morts au moins — mutins et non-mutins —, entre quatre murs ! Ainsi croient-ils lutter contre le chancre intégriste, « alors que ce sera, commenté-je, la gorge serrée, d'un coup deux cents familles, deux mille personnes qui verseront aussitôt dans le camp "islamiste" peut-être, en tout cas celui des désespérés ! Quelle honte !... Et ceux qui répriment ainsi prétendent incarner la loi » !

— Mais l'internationale intégriste, ne soyez pas naïve, madame, elle existe ! Je peux vous présenter plusieurs cas expérimentés par moi, ici et en Allemagne ! me dit doucement un étudiant en doctorat. (Nous nous sommes regroupés, plusieurs compatriotes en mal de nostalgie, pour un déjeuner de week-end.)

— Sans doute, dis-je. Le sang appelle le sang, nous retrouvons cette logique, mais que dire quand ceux qui s'instituent gardiens de la loi appliquent, eux, la loi du talion ?

14. C'est avec M'Hamed, comme cela arriva dès le lendemain, que ma conversation est le plus tenue ; peut-être que, dans l'empyrée des sages, des savants, des bienheureux, M'Hamed, pour moi, se tient à une place en évidence : yeux baissés car cela coûte à sa modestie, et avec un sourire en coin, que je suis seule à percevoir, je sais son contentement d'être arrivé au terme vraiment le sien : lui qui clôt sa vie par les minutes interminables d'une souffrance de chair, ayant exalté, ô combien, sa certitude de justice. M'Hamed, je le vois, rayonne, séparé de moi d'un éther infranchissable ; M'Hamed que je distingue, auquel je m'imagine parler — présence inaltérable de douceur, d'une foi palpitant en secret — *(ô notre ami si cher, je n'ose te parler, la frontière par toi franchie est celle du martyre, je le sais : mon amitié si réservée ne trouverait que les mots de ferveur, si malgré toi, tu t'approchais !...).*

C'est pourquoi, ce matin, je semble à peine murmurer devant l'ami, ou saisir à mon tour son répons : il est loin, il paraît si proche. L'aura de sa vision pourrait faire briller nos paroles chevauchées, mais lui évanoui dans le début de soleil, je sais que resteront, en moi, les mots bien nets, affinés même, de notre échange nocturne.

Je lui ai manifesté mon écœurement, ma honte :

— Vous le savez bien, M'Hamed, Barberousse, la prison Barberousse, c'est un lieu symbolique pour nous tous, depuis plus de trente ans ! Le lieu des premiers martyrs, juste au-dessus de la Casbah, cœur de la capitale, cœur de la résistance d'hier, à la fois audacieuse et joyeuse !

M'Hamed, à ton tour de remonter le temps de notre adolescence, chacun de nous étudiant, moi à Paris encore et toi débarqué à peine de tes hauts plateaux dans Alger assiégé quasiment — les bombes éclataient, les victimes des deux bords, enfants dans les bras, tombaient, et quelques jeunes filles violentées, le sexe torturé, déclamaient leur révolte en prétoire. Tu pourrais évoquer ce lyrisme sanglant en quelques mots concis, à ta manière, tu comprends alors que le français, ta langue de travail, se cabre sous sa sécheresse et, par pudeur, mais le sourire dans les yeux (malgré l'aura de ton image devant moi, je perçois tes traits, ou plutôt la sérénité que dégagent tes traits), tu sens qu'il te faut citer... quoi, tu chuchotes deux longs vers d'un poète si ancien, non, pas un mystique, me dis-tu (tu comprends, à peine ironique, que je tends à te figer en image pieuse !), non, « un barde philosophe ».

J'ai oublié les vers, j'ai oublié le poète — je retrouverai ta citation, j'y tiens ! Pour une fois que tu me parles en style littéraire — évident effort pour me toucher, moi de ce côté-ci hélas, moi abandonnée de mes amis d'un coup, la faux fauche trop et trop vite à la fois — ; avant, souviens-toi, avec ton discours presque sec, tes manières de sociologue laissant déborder, dans un constant non-dit, ta sensibilité, j'oserais dire ta tendresse pour chacun, pour tous, que tu muselais sous ton calme, ton goût de l'impersonnel !

15. « *Il y a des souvenirs qui s'insurgent de se voir divulgués sans leur avis. Alors ils refusent de collaborer, ils échappent ou se dissimulent comme dans un jeu de cache-cache. Ainsi quand je te parle de Zabana...* »

Ce n'est plus moi, dans le demi-rêve, parlant à M'Hamed, mais dix ans auparavant, Ali, un ami, dans la chambre de Kateb Yacine — désormais disparu — qui tente, trente ans après, de ressusciter les jours de sa jeunesse à Yacine, son plus proche.

Ses jours à Barberousse-Serkadji, « forteresse silencieuse, fermée au regard par un mur d'enceinte qui la sépare de la ville », écrit-il.

18 juin 1956. Le jeune Ali, vingt-deux ans, le plus jeune parmi les condamnés à mort, est seul, avec Ahmed Zabana, à être au courant : ce jour-là, à Paris, l'avocat de Zabana est convoqué par le président de la République française René Coty, pour le recours en grâce. S'il est gracié, Zabana vivra ; sinon, il sera guillotiné dans les vingt-quatre heures...

N'arrive pas, ce jour-là, le télégramme tant attendu, qui aurait annoncé la grâce. Zabana, dans la cour, se promène, les mains sous menottes, auprès de son jeune ami Ali (le seul à attendre avec lui, le seul à savoir), parmi tant d'autres détenus. Il comprend, l'air impassible, qu'il vit son dernier jour : qu'« on » viendra, dans la nuit, juste avant l'aube, le chercher pour le moment fatal.

Au milieu de l'après-midi, il donne son cours comme à l'ordinaire. Ali, son ami, s'approche et note la phrase que, cette fois, Zabana entreprend de dicter et d'expliquer aux moins instruits que lui : « Etudiez !... Le savoir c'est la vie la plus noble et l'ignorance la plus grande mort ! » Les autres détenus — certains, des paysans, d'autres plus âgés que le maître, d'autres... — répètent, décortiquent et écrivent sous sa surveillance.

« *Le temps passa vite, se rappelle Ali devant Yacine qui écoute. Nous aurions aimé le vivre à reculons. La promenade était terminée. C'était la dernière fois que Zabana verrait le bleu du ciel ! »*

Ali évoque ensuite « la plus courte nuit ». Son ami

lui offre un Coran et son carnet de notes. Puis il écrit une lettre à sa mère et il se retrouve en prière, lorsque, dans le couloir, la nuit à peine finissant, des pas de gardiens, arrivant en escouade, réveillent d'un coup tous les détenus ; les pas s'arrêtent devant la cellule de Ahmed Zabana.

— Ahmed Zabana, le premier Algérien guillotiné et à Barberousse, murmure M'Hamed, puis il soupire, retient comme un souffle. Il ajoute, à peine le deviné-je, la formule de bénédiction rituelle.

— Zabana et Ferradj ! répondis-je. Nous associons toujours les deux guillotinés de cette nuit !

Ils sont morts, deux ; ils furent guillotinés, cette aube-là, tous les deux, l'un après l'autre : Zabana et Ferradj.

Mais nous avons oublié, ou plus exactement nous avons voulu oublier qu'ils sont morts différemment : le premier dans la lumière inaltérable de l'héroïsme tranquille. (« Je meurs, mes amis, et l'Algérie vivra ! » La voix de Zabana répéta haut deux fois, trois fois dans les couloirs cette ultime phrase d'espoir ; le silence de ceux, réveillés, qui l'écoutent devient la pierre ineffaçable de cette mort !)

Le deuxième, Ferradj, ah le deuxième ! soupirent parfois les chroniqueurs de cette nuit de juin, et ils ont un sourire gêné de tristesse : « Il n'a pas su mourir, hélas, le pauvre : il cria, il hurla, il s'est débattu, on l'a traîné comme le mouton de l'Aïd : pour finir, il s'est tu lorsqu'on parvint à le faire sortir dans la cour d'honneur. Dommage ! » concluent-ils ; et quelquefois certains ajoutent, osent ajouter : « Il aurait dû mourir comme un "vrai" Algérien ! »

Il est mort, Ferradj, comme un homme (pourquoi je me retrouve à leur parler ainsi, à mes
ombres, à M'Hamed et aussi à Mahfoud revenu ?),
Ferradj, quelqu'un qu'on réveille en pleine nuit du
lourd sommeil, et qui, une longue minute, les yeux
écarquillés, comprend lentement que tant de gardiens ainsi faisant cercle autour de sa couche, c'est
donc qu'on vient le traîner pour... Il crie, il brame
l'horreur du cauchemar qui s'ouvre : il était l'un
des derniers dans le quartier des condamnés à
mort : trois, dix autres avant lui seraient allés en
chantant à la guillotine, et il se serait, à son tour,
préparé !

Il est mort, Ferradj, comme un homme qui n'eut
ni le temps de croire à cette mort torve, ni de la
prévoir, ni même de l'imaginer : la veille, pour l'iso-
ler et faire dormir ailleurs son codétenu, on a pré-
tendu des travaux de W. -C. à l'étage au-dessus : il
l'a cru, il a dormi seul, il a même négligé de faire
quelque prière...

Il est mort comme un homme, Ferradj, lui que,
depuis le début, on a précipité dans le tunnel,
qu'on a désigné comme victime nécessaire à juger,
à condamner : il n'était même pas « coupable »,
Ferradj, l'ouvrier agricole d'une ferme de la Mitidja
— l'un parmi des dizaines de milliers. La ferme du
colon voisin a brûlé : des maquisards, bien sûr,
descendus dans la nuit. Les enquêteurs, dès le lendemain, trouvent, jeté dans un fourré tout près, un
vieux vélo usagé : celui de Ferradj. Il le reconnaît,
quand on le traîne devant « la preuve ». La preuve
de quoi ? Il ne comprend pas, le bougre : pour un
vélo perdu, jeté dans un fourré, sa vie est arrêtée,
ses enfants sans ressources ! Cela va trop vite : Ferradj ne dit plus rien : l'enquête est bouclée, le jugement se déroule sans tarder ; le coupable tout
trouvé n'a pas d'avocat. Il bafouille à l'audience.

Il est condamné à mort : les colons de la Mitidja peuvent dormir tranquilles ; en plein été 1955, il n'y a pas à craindre de maquis organisé près de leurs domaines : ce sont quelques fous sur place.

Ferradj, à Barberousse, découvre progressivement un monde nouveau, une communauté : des militants politiques de tous âges, venant des Aurès ou de l'Oranie. Ferradj se familiarise avec un ordre qui pointe : il suit des cours. Il apprend à lire, à écrire.

Ferradj a été réveillé cette nuit du 18 juin 1966 :

— Ils veulent me tuer ! Je ne veux pas mourir ! Non, non ! Ils veulent me tuer !

Puis plus rien. On l'a traîné.

Une dernière fois, la voix haute de Zabana (le militant depuis bien avant 1954, le politisé, celui qui ne pensait qu'aux autres, à Barberousse, celui qui, l'année d'avant, encerclé avec d'autres combattants dans une grotte, pour ne pas être capturé vivant se logea une balle dans la tempe droite. Il ne mourut pas : la balle sortit par son œil gauche, sans atteindre le cerveau. On le captura ; on le soigna ; on lui plaça un œil artificiel : puis on le jugea et on le condamna à mort au tribunal d'Oran. Il fit appel au tribunal d'Alger qui confirma la sentence. René Coty lui refusa la grâce : Zabana le sut quelques heures avant... « Je meurs et l'Algérie vivra, mes frères ! »).

Vingt ans plus tard, des détenus qu'il avait instruits jusqu'à son dernier jour inscrivaient, pour commencer leurs cours, sur le tableau de leurs classes de campagne — Ali l'a vu et en témoigne : « Étudiez... Le savoir, c'est la vie la plus noble et l'ignorance, la plus grande mort ! Ahmed Zabana. »

16. Sur ce, la voix aiguë de Mahfoud, qui pourrait être celle d'un adolescent, ou celle d'un enfant de cette classe de campagne apprenant, au début de chaque jour, la devise de Zabana, la voix me demande, impatiente :

— Pourquoi nous trouvons-nous donc à tant parler de la prison Barberousse ?

Est-ce M'Hamed, est-ce moi, amère, que j'entends répondre ? Je ne sais qui lui a rétorqué doucement :

— Hier peut-être, ou il y a seulement trois jours, des hommes en armes sont entrés dans la cellule de Zabana, dans celle de Ferradj, dans les couloirs du quartier des condamnés à mort, ailleurs aussi dans des cellules de condamnés d'opinion : après vingt-quatre heures d'encerclement de la forteresse, sans que le président du pays ait eu à examiner quelque recours en grâce, sans qu'il y ait eu pour certains jugement et appel, des hommes d'armes au nom de la loi se sont conduits en hors-la-loi ; ont tiré dans le tas.

Alors la voix de Zabana s'entend, mais lasse, mais triste ; elle désire s'envoler loin, loin de Serkadji ; elle s'exhale une dernière fois : « Je vais mourir, mes frères, et... »

Elle s'étiole car, cette fois, ce sont les cris de Ferradj qui reviennent, car il ne comprend pas, car ils ne comprennent pas, eux les détenus d'hier et d'avant-hier : « Ils vont me tuer, non, non... »

Sur quoi, la voix solitaire de M'Hamed psalmodie — de là où il se trouve, il voit. Il devient le témoin du massacre qui se nourrit lui-même de ses propres entrailles au sang noir. De là où il se trouve, il ne peut que dire la compassion :

— Tu as raison, ajoute-t-il sur un ton de lassitude infinie. Qu'est-ce que cela voulait dire, dans

41

la prose habituelle d'hier, quand on commentait, à propos de Zabana et de ses pairs : « Ils sont morts comme de vrais Algériens » ? (Il hésite.) De vrais Algériens !... Qu'ils les laissent désormais mourir en hommes, en êtres humains ! termine-t-il, lui, le supplicié d'hier. Mais il est libéré, il...

Cette fois, il m'a semblé que M'Hamed s'exprimait, à cause du rythme scandé de sa plainte, dans l'arabe habité du souffle, de la vibration, du phrasé ample de la poésie propre à sa tribu de nomades et de récents sédentarisés : les Ouled Sidi Cheikh.

17. Je ne sais plus comment s'est continué mon séjour américain... Un mois après, avec mes disparus, reprend ma conversation mais hachée menu, souvent inaudible, creusant son lit dans ma mémoire, tel un oued qui perd et retrouve son eau rare... toujours, il est vrai, avant que les premiers rayons du jour ne transpercent ma chambre.

Je ris. Je m'entends rire, Kader. Soudain, me revient cette représentation du *Journal d'un fou* de Gogol que tu adaptas en arabe. Ma mère, ma fille et moi, nous nous trouvons au premier rang, dans la salle du théâtre municipal d'Alger, en soirée.

Tu es seul sur scène : plus grand, plus lourd, tu me parais de ma place en contrebas, mais aussi bondissant, léger, traversant en une minute la scène, te figeant ensuite au bord de l'ombre.

Et ta voix, ample, métallique, quelquefois plus chaude ; et le verbe, en langue arabe, de Gogol :

« Oh ! Quelle créature rusée que la femme ! C'est seulement maintenant que j'ai compris ce qu'est la femme. Jusqu'à présent, personne ne savait de qui elle est amoureuse ; je suis le premier à l'avoir découvert. La femme est amoureuse du diable. Oui, sans plaisanter. Les physiciens écrivent des absurdités, qu'elle est ceci, cela... Elle n'aime que le diable ! »

Je ne peux m'empêcher de rire haut ; un rire irrépressible que je tente d'endiguer. Ces cascades que je suspends avec effort, je sais que tu les entends, tu les reconnais, bien que, la seconde d'après, tu t'immobilises, complètement habité par le personnage :

« Aujourd'hui, on m'a tondu, bien que j'aie crié de toutes mes forces que je ne voulais pas être moine. Mais je ne peux plus me rappeler ce qu'il est advenu de moi lorsqu'ils ont commencé à me verser de l'eau froide sur le crâne. Je n'avais jamais encore enduré un pareil enfer !... Je suppose, contre toute vraisemblance, que je suis tombé entre les mains de l'Inquisition ! »

Je me tais, je me domine. Quelquefois, ma mère, par souci de discrétion, me touche du poignet pour me signifier : « Ne sois point une spectatrice si bruyante ! » Je n'y peux rien : comme acteur, mais à cause aussi du parfum, de la saveur presque rurale de ta langue oranaise, ton effet sur moi est quasi mécanique : je ris de nouveau. Je m'arrête. Trois phrases plus loin, mon rire reprend : un ou deux éclats... J'écoute, enfin silencieuse, sérieuse ; mon plaisir si vif de te voir occuper vraiment toute la scène, tout en mouvement, à la fois à Saint-Pétersbourg et à Alger, je m'y livre comme dans une délivrance intérieure : ainsi tu nous emportes tous, et toutes. Ainsi tu renoues les coutures, tu rétablis les passerelles dans cette ville noire (il s'agit d'Alger 1984 ou 85), ce pays noué et qui, sauf avec toi, s'étouffe et s'empuante, mais que toi tu libères de tant de miasmes, le temps d'une représentation de théâtre en langue populaire, j'allais dire hautement populaire. Tu l'allèges en rires, en pleurs, en élans, en douce ironie et en enthousiasme discret.

Kader, je ris, tu entends ruisseler ce rire derrière ton dos ; je ne suis pas seule, nous sommes toute une salle ce soir, soudée à travers toi : tu es à la fois Gogol, et Kader, tu es un comédien dans la plénitude de son art, apprivoisant son public — rétif, ou desséché, la plupart du temps, ce public — et en même temps tu planes désormais au-dessus de cette terre par ton verbe, ta passion et ton souffle... Tu es nous tous, Kader, sur cette scène, ce soir où mon rire en cascades te suit, te poursuit, te recherche aujourd'hui !

18. Un autre jour du passé, durant mon tournage de film à Tipasa.

Je bénéficiais d'une équipe de quinze techniciens, de plusieurs voitures avec deux ou trois chauffeurs : ce jour de halte où l'un de ces derniers s'engageait à me conduire à Alger — je voulais vérifier aux laboratoires les rushes de la semaine précédente (ce film était le premier en couleurs dont le tirage se faisait au pays).

Or, ce même jour où tu me disais au téléphone que tu avais à accompagner une de tes assistantes à l'aéroport, je proposai, un peu vite, de venir en fin d'après-midi vous chercher : nous irions ensemble à l'aéroport, je disposais d'une voiture de la production. Je dus libérer le chauffeur prévu. Qu'importe : je louai un taxi — sans compteur — et je fis promettre au conducteur de ne pas décliner son statut commercial.

Nous t'avons rejoint, nous avons conduit cette assistante à l'aéroport où elle s'envola pour Oran ; sur la route, nous eûmes à faire quelques adieux rapides en banlieue.

Tu t'étais mis, par instinct, à te douter de quelque chose. Assis près du chauffeur, tu te retournas plusieurs fois vers moi, tu interrogeais, le ton curieux : « C'est bien la voiture de la production ? »

Bien sûr, le conducteur grommelait des mots inaudibles. Moi, je te rassurais : « Nous sommes en service commandé. Pourquoi interroger ? »

Nous nous sommes encore arrêtés en chemin chez d'autres amis, pour d'autres salutations. Je fis attendre le chauffeur. Je paierais la course de trois heures ou de quatre, mon salaire de professeur y passerait, mais il ne serait pas dit que tu te douterais de ma ruse... Tu avais compté sur moi et j'avais promis... Tu gardais une mine dubitative. Je voyais ton œil de côté se poser sur la face bourrue de l'homme au volant : c'était sûr, tu te doutais mais de quoi... Je bavardais allégrement avec la jeune Oranaise. Elle parvint à temps pour son avion.

Nous repartîmes, toi et moi, vers la capitale. Une soirée d'amis nous attendait. Arrivée à bon port, je te dis, un peu raide, d'aller le premier avertir nos hôtes, nous étions si en retard — seule, je payai avec tout ce que j'avais d'argent liquide, plus un chèque. Toi, au fond de l'allée, à la porte, tu remarquais encore :

— Quelque chose se passe et je ne comprends rien !

Tu semblais presque malheureux, en tout cas troublé.

— Vous ne comprenez pas ? Et alors ? te rétorquai-je avec un sourire volontairement enjôleur.

Kader, Kader, la seule fois où tu comptais sur moi pour une si dérisoire contrainte, allais-je faillir ? Tant et tant de fois auparavant, et surtout plus tard, tu t'es maintenu auprès de moi, constant : ton

temps, ton expérience et ton attention, tous à la fois
offerts à moi !

— Vous pouvez vous absenter aussi longtemps
que vous voudrez, pour ce voyage ! insista-t-il
quelques mois après, je peux m'installer là pour
elle !

Et il enlaçait ma fillette de dix ans ; il ajoutait :

— Entre Bahdja qui la nourrit et la conduit au
lycée, et moi qui viendrai passer la soirée avec elle
— vraiment, vous pouvez voyager l'esprit tranquille, aussi longtemps que vous voudrez !

Il s'agissait pour moi d'aller au Liban, alors. J'y
renonçai quelques jours après : la guerre, là-bas,
avait repris. Comment, dès lors, envisager de m'y
installer, un an, avec ma fille ?

Je partis, le mois suivant, à Paris pour me consa-
crer au montage musical de mon film. Tu te souviens, Kader ? Si je revenais par le dernier avion
du vendredi, pour passer le week-end avec les
miens, je te trouvais chez moi, même tard...

— Elle était inquiète ? demandais-je alors
puisque ma fille, à force de m'attendre, s'était
endormie.

— Pas du tout ! me rassurais-tu. Je lui ai raconté
ma dernière pièce, en jouant tous les personnages !... Elle veut venir à Oran et la voir créée,
là-bas, pour mon public !

Je savais — je l'avais su par hasard — que tu te
languissais de ta fille aînée, élevée à Paris et du
même âge que la mienne.

Plus tard, bien plus tard, tu les réuniras, elles deux
avec toi, sur une plage de l'ouest du pays, pour un
mois entier de vacances... Plus tard.

19. Il fait encore noir ; la fenêtre s'est ouverte (je reviens à cette nuit près de San Francisco : la dernière). La brume s'est dissipée. Ton corps s'est évanoui. Ton corps, l'ai-je aperçu, non, je persiste à attendre les premiers effluves du jour à travers mes cils ; ta présence, c'était ta voix, ou la mienne, car j'ai parlé plus que toi, je t'ai revu à l'autre bout de la terre et tu m'as répondu souvent continûment, tu as ri parfois, tu as toussé, tu as bougé. Tu t'es étonné, je le sais, tu ne croyais pas que je gardais tout, je me souviens de tout, je ne te dis que le dixième de ce que je garde ; je désire que tu reviennes, j'irai au bord de tous les autres océans, par la fenêtre ainsi ouverte le matin, la barre marine me faisant face, je nous imaginerai là-bas, dans la ville !... Ta ville certes, mais la mienne aussi : autrement.

Moi, je ne te l'ai jamais raconté, j'ai rêvé longtemps d'Oran... au XIᵉ siècle ! J'ai rêvé du dernier souverain almoravide, celui qui chevaucha en pleine nuit le fameux pic Murdjadjo — là où tu nous as fait grimper le premier jour — : je pourrai te décrire le prince maudit : il est aussi audacieux que toi, mais presque fou — fou de toute-puissance — ; il a dû être aussi généreux, aussi imaginatif que toi ; il a ta stature, il paraît plus maigre, et avec les vacillations que lui a données le pouvoir — non, il n'a rien de ta nature joviale, de ton activisme —, il est présomptueux.

Il est le roi, mais il est poursuivi : encerclé des jours et des jours par Abd al-Mu'min l'Almohade qui se tient en face, sur l'autre montagne (la ville, entre eux, doit être à peine une bourgade) ; soudain, cette nuit d'orage. Sur le pic, il se voit seul. Il s'élance sur sa monture, forcené : et il tombe, de très haut, par-dessus la falaise.

Il est mort à Oran, en pleine nuit. Toi, non. Je te

parle du seul héros que je connaisse, de ce lieu, qui palpite encore, même après neuf siècles.

Mais tu m'as quittée. Mais je ne dors pas. Mais tu les as quittés, là-bas, le 11 mars de l'année dernière.

20. Aurais-je dû te dire, quand je croyais sentir ta présence sur le rebord de la fenêtre entrouverte, que je t'en ai voulu : lorsque nous allions, les trois derniers jours, quêter les nouvelles à l'hôpital parisien où tu fus transporté le lendemain matin de l'attentat (oh oui, tu sortiras du coma, tu vivras !).

J'allais et venais, ces jours du printemps dernier, et je ne faisais que soliloquer, que me préparer aux reproches que je te débiterais, quand tu reviendrais à toi, enfin à nous :

« Ainsi, m'a-t-on dit, tu as été prévenu à Oran dès le vendredi, six jours donc avant le coup fatal. On t'a appris qu'une horde de meurtriers lâchés dans la ville avaient ton nom en premier de la liste ! Tu le savais. Tu t'es tu. Tu as continué à vivre, à sortir à la même heure, avant la rupture du jeûne, dans ce mois de ramadan. A ne pas modifier le jour ni l'heure de ta conférence prévue le jeudi suivant. Tu savais. Tu n'as rien dit à ta femme, à tes sœurs, à ta mère. Tu n'as rien changé à ta vie ! »

Tu ne sors pas encore du coma. Et moi, je dialogue avec toi, je te harcèle : « Dis-moi donc pourquoi ? Pourquoi ? Pour quelle fierté ? Pour quel dégoût de ce pays sali, souillé ? Pour faire front ? Ne pas croire que tu tomberais dans ta ville, pardessus quelque falaise, dans cette ville dont tu me montrais les caches, les souterrains, les pics, les crêtes, tu as cru qu'elle ne pouvait receler de tueurs contre toi. Pourquoi ? Ton orgueil... ? Ton fatalisme ? Ton dédain ? Ta soudaine fatigue à vivre ? Ton refus de partir ? Dis-moi donc : pourquoi ? »

J'attends que tu sortes du coma. Je ne souffre pas. En colère, je me sens ; je suis sûre que, cette fois, je te dirai tout... Ta sœur, celle qui te ressemble, je l'ai au téléphone, elle vient d'arriver, elle espère elle aussi, elle gémit de désespoir, en même temps de reproche, parce que tu ne t'es pas gardé... Elle n'en peut mais. Je me durcis et je te le répète intérieurement : « Pourquoi ? » Tu sortiras du coma et tu nous diras ce qui t'a habité les six, les cinq derniers jours. Toi et ta ville, quel face-à-face nocturne ? Quel corridor plein de relents, de cauchemars et surgis de quel passé inavouable ? Depuis le XIe siècle ?...

J'attends que tu sortes du coma.

Le lundi, à l'aube, ton frère m'apprend la nouvelle, au téléphone : « Il a rendu le souffle, cette nuit, à quatre heures ! »

Pourquoi ? La moindre formule liturgique de condoléances m'a fuie. Seulement : pourquoi ? La question reste lancée vers toi.

J'ai erré dans le vestibule, dans les chambres, dans les rues, le regard durci : pourquoi ? La question est pour toi ; ni pour le destin, ni pour... Ces cinq jours à Oran, tu me les diras : quelles pensées quand tu dormais, quand tu veillais, quand tu riais avec ta dernière enfant, quand tu allais et venais. Tu les as donc attendus ainsi, les meurtriers ? Dis-le, Kader, pourquoi ?

Tu n'es plus à la fenêtre. Tu reviendras. J'ai compris. Si je persiste dans ce harcèlement à propos des derniers jours, tu te tairas. Car c'est pour la vie que nous évoquons, les joies, les secrets, les complicités, l'ironie, la dispute, que tu reviendras, que tu me parleras.

Oui, même la dispute : il n'y en eut qu'une et

nous n'en avons jamais parlé, avant — c'est-à-dire dans la vie. Tu sais bien que je t'en ai voulu une fois. Puérilement ou naïvement, je ne sais trop, mais je t'en ai voulu. De cela, je ne dirai rien. Tu m'as offert un œillet rouge : j'avais décidé d'interrompre cette soirée où j'étais arrivée avec toi ; une soirée à Alger. Je la désertai en plein milieu, et j'ai demandé au premier venu de me ramener en voiture jusqu'à ma porte.

Lorsque je suis passée devant toi, souriante à demi, tu m'as offert un œillet rouge. Je l'ai gardé cinq jours.

21. Je vous quitte, ou vous m'avez quittée. Tous les trois, ou chacun à son tour, je ne sais plus. Le printemps à Paris est pluvieux ; les jours gris.

Vous reviendrez. Je vais tâcher de vous oublier. Vous planez ; vos ombres persistent, effilochées, mais là-bas, dans le ciel algérois : alors que, si souvent, le rythme des meurtres, des assassinés (victimes-cibles d'un tueur surgi parmi la foule, une arme au poing ; d'autres victimes, anonymes, suspects, « terroristes », « assassins », « bandits » : la ronde des mots d'autrefois revenus ! D'autres gonflent le bilan du décompte officiel anonyme, quelquefois hautement proclamé, mais si souvent effacé pour laisser place à un calme d'orage !), alors que là-bas, la peur là-bas, le danger pour la mort nourrie inexorablement là-bas, inaugure la plupart de mes jours à Paris — et je vous sais, vous trois, mes plus proches qui me hantiez, qui vous éloignez, je vous sais installés à demeure à la fois au-dessus de la baie d'Alger dans sa splendeur froidement immuable, en même temps contemplant toute la terre d'Algérie, ses monts, son désert, ses oasis, ses bourgades... sa puanteur aussi, sa laideur, son grouillement de vers, ses corbeaux sur les arbres revenus. Je vous sais au-dessus des forêts de sapins et de cèdres, celles qu'on se remet à brûler à nouveau au napalm. A nouveau...

II

Trois journées

1. Trois journées blanches. Deux en juin 93, la troisième en mars 94. Trois journées algériennes.

Blanches de poussière. Celle qu'on ne distingua pas, chacun de ces trois jours, mais qui s'infiltra, invisible et menue, en chacun de ceux qui affluèrent au moment de votre départ.

Poussière lente qui rend la journée peu à peu lointaine, blancheur qui insidieusement efface, éloigne, fait chaque heure presque irréelle, et l'éclat d'un mot, le hoquet d'un pleur mal réprimé, la gerbe éclatée des chants et des litanies de la foule se prolongent, chacun d'eux en excès ce jour-là, dorénavant pâli, creusé dans l'évanescence.

Journées blanches de cette poussière donc dans laquelle les dizaines de témoins, d'amis, de familiers qui vous ont accompagnés à la tombe, eux les suivants, désormais s'empêtrent ; en sont habillés, engoncés, et ils ne le savent pas. Poussière de l'oubli qui cautérise, qui affaiblit, et adoucit, et... Poussière.

Trois journées blanches de ce brouillard mortel.

Non. Moi, je dis non. Moi qui, ces trois fois, ai été absente — moi, la lointaine, presque l'étrangère, l'errante en tout cas, la muette dans la séparation, celle qui renia toute déploration, moi, je dis non.

Pas le blanc de l'oubli. De cet oubli-là : oubli de

l'oubli même sous les mots des éloges publics, des hommages collectifs, des souvenirs mis en scène. Non : car tous ces mots, bruyants, déclamés, attendus, tout ce bruit les gêne, mes trois amis ; les empêche, j'en suis sûre, de nous revenir, de nous effleurer, de nous revivifier ! !

2. Je ne demande rien : seulement qu'ils nous hantent encore, qu'ils nous habitent. Mais dans quelle langue ?

Il y a déjà six siècles et demi, un nommé Dante, exilé à jamais de sa ville de Florence, appellera cette langue « le vulgaire illustre ». « Nous le disons illustre parce que, illuminant et illuminé, il resplendit », ajoute-t-il dans son traité sur « l'éloquence vulgaire ».

Ainsi, mes amis, quand ils me parlent et si je pouvais au moins saisir un peu de leur langue « liée par la poésie » : Dante compare ce langage des chers absents qui, pour nous approcher, défient la frontière réfrigérante de notre vie, derrière laquelle nous nous alourdissons, Dante compare cette langue — qui ressemble à la vôtre, lorsque, impalpables, vous me revenez — « la panthère parfumée », l'animal mythique des bestiaires médiévaux. Il ajoute, et je le cite pour vous trois :

« En entendant le rugissement de la panthère, les autres animaux la suivent partout où elle va, attirés par tant de fragrante douceur. »

Oh, mes amis, pas le blanc de l'oubli, je vous en prie, préservez-moi ! Seulement la « fragrante douceur » de votre voix, de vos murmures d'avant l'aube, je voyagerai au bout du monde seulement pour vous emporter avec moi et vous entendre ainsi, avant l'approche de chaque aurore !

Pas le blanc du linceul, non plus ! On vous aurait

brûlés, on aurait éparpillé vos cendres dans quelque Gange, et je vous attendrais encore, votre corps si proche et jamais dissous, votre voix, vos murmures ou votre bourdonnement ! je vous verrais entre mes cils, je vous entendrais tout près, contre la fenêtre entrouverte...

Ni la poussière, ni le brouillard de l'éloignement, au ralenti, qui jamais ne cesse, qui glisse, inlassable.

3. Ces trois journées se penchent. Le passé recule, dit-on : trois morts, ou trois cents morts, ou trois mille... Non.

Le blanc inaltérable de votre présence.

Non ; je dis non à toutes les cérémonies : celles de l'adieu, celles de la piété, celles du chagrin qui quête sa propre douceur, celles de la consolation.

Je dis non au théâtre quand il n'est pas improvisé : celui, même flamboyant, de la rage ou celui, attendu, de la componction islamique. Non.

Trois journées étincelantes : avec moi, tout près de moi vous les contemplez tandis que je les déplie : pour vous, devant vous.

Vous souriez. Vous me souriez.

Première journée

1. Fatna, directrice de collège, arrive à son travail, cinq minutes avant l'ouverture des portes. Dans l'appartement, situé non loin, dans le même quartier des hauteurs de la ville, elle a laissé M'Hamed, son mari, encore au lit ; sa fille Hasna, qui a veillé tard (elle prépare ses examens de quatrième année de médecine), ne se réveillera que plus tard.

Derrière Fatna, son jeune beau-frère — en visite ces jours-ci chez eux — a fermé la porte.

Matinée d'été lumineuse. Elle hume le parfum des bougainvilliers du parc municipal, sur son chemin. A peine arrivée dans son bureau, Fatna se tourne vers son assistante. La cour, comme à l'ordinaire, bourdonne des éclats de voix juvéniles : les élèves se rangent progressivement devant leurs classes.

— Qu'avez-vous donc ? demande la jeune enseignante, surprise, à la directrice.

Fatna porte la main à son visage, à ses joues.

— Je ne sais ce qui m'arrive ! bafouille-t-elle en essuyant une première larme.

Elle s'affole un instant, ne comprend pas. Elle se raidit devant sa collègue, puis avoue :

— Une angoisse m'étreint... sans raison, je ne sais pourquoi !

Elle se tourne vers son bureau ; quelques gestes hâtifs pour retrouver son calme.

— Allez-y donc ! Je vais vous suivre dans les classes ! Ce n'est rien, ajoute-t-elle, plus bas. La fatigue, probablement.

Restée seule, Fatna se laisse aller : elle pleure en silence quelques minutes. « Pourquoi ai-je peur ? Cette angoisse... ? », se demande-t-elle en se forçant, lentement, à la raison.

« Mon fils, ma fille... Les examens se passeront bien ! se dit-elle encore. M'Hamed... écrasé de travail, plus que d'habitude, encore : cette réunion importante, ce matin, à la Présidence, de la commission d'experts dont il dirige les travaux. Il a travaillé très tard dans la nuit, pour revoir encore son rapport. L'atmosphère est lourde dans toute la ville. Notre petite vie de famille dans l'appartement, Dieu nous garde, est sans histoires ! Certes, si M'Hamed craignait quelque chose, il ne me le dirait pas... »

Fatna a pensé cela très vite : en quelques secondes. Les mains un peu tremblantes, elle a fermé la porte du bureau ; elle a rejoint ses collègues pour l'inspection habituelle.

2. A cette même heure, trois meurtriers cernent M'Hamed dans sa chambre, au fond du couloir. Un voisin, menacé par eux, s'était fait ouvrir la porte par le jeune beau-frère ; surgis en trombe, trois des assaillants ont foncé dans le sombre corridor, encerclé M'Hamed qui se dressait en pyjama devant sa chambre.

Hasna, la jeune fille, réveillée en sursaut, se retrouve les mains liées et rejetée, assise, dans le divan, près du téléphone arraché. Un quatrième homme, debout à l'autre bout, garde l'œil sur elle. C'est un jeune homme brun, presque élégamment habillé ; il parle un bon français :

— Aujourd'hui, ta mère et toi, vous allez pleurer pour ton père !

— Pourquoi lui en voulez-vous, à mon père ? proteste la jeune étudiante qui se cabre.

L'homme la jauge, son arme à la main. Son ton est froid, son regard ironique :

— Toi, tu ne le sais pas ! Lui, le sait !

Quand, si longtemps après (pour Hasna entravée, cela dura un siècle), les quatre hommes s'éclipsèrent, quand, entendant le long râle là-bas au fond du couloir sombre, Hasna, les poignets déliés, se précipite dans la chambre (« Ils l'ont torturé ! » se répète-t-elle, presque froide, mais vive et sûre dans ses gestes), elle le découvre sur le lit, la poitrine entrouverte, tout le corps se vidant, par sursauts, de son sang. « C'est trop tard ! se dit-elle tout en courant vers sa trousse de médecin, c'est trop tard, non... », martèle sa voix en elle alors qu'elle revient, que ses mains, comme indépendantes d'elle, font tous les gestes de contrôle nécessaires : le pouls à écouter, le...

Le long râle, affaibli, vient de s'arrêter, ces ultimes secondes. Les mains de l'étudiante en médecine s'affairent, ne tremblent pas, vont et viennent et, pour finir, ferment la veste du pyjama sur la poitrine meurtrie. Tout ce temps, les yeux de Hasna scrutent, percent, retiennent avec une précision neutre, impersonnelle : « Le sang, le sang de mon père ! »

Elle lui parle, elle, la jeune fille, elle le tutoie, son arabe filial délivre tous les mots de la vision, du supplice, de la vie ouverte et qui coule, s'échappe, gar-

gouille encore, « le sang de ton père » !... Les mots se diluent ensuite, quand, mais quand réapparaîtront-ils, en arabe, les yeux ont contemplé en arabe, un arabe vermeil, les mots resurgiront, ceux de la ferveur, de la chaleur, les mots resurgiront, pourpre et vermeil, chauds, en arabe, un jour, après des années !...

Le jeune frère de M'Hamed revient dans l'appartement avec les voisins prévenus.

La jeune fille, le visage sec, sort de la chambre. Ferme la trousse de médecin en cuir.

— Mon père est mort ! dit-elle doucement.

— Que Dieu l'ait en Sa miséricorde ! murmure chacun des arrivants qui se précipite vers le lit, vers le corps, vers le sang.

3. Il est neuf heures trente. Le chauffeur, qui venait pour conduire M'Hamed à la réunion prévue pour dix heures, est envoyé pour ramener Fatna de son collège.

Prévenue de l'arrivée du chauffeur, elle sursaute dans son bureau :

« Un malheur ! Il est arrivé un malheur, chez moi ! » s'alarme-t-elle en silence.

Elle met sa veste ; elle entre dans la voiture. Le chauffeur bafouille :

— Je ne sais ce qui est arrivé ! Du monde à l'appartement ! On m'a ordonné de venir vous chercher !

Il ajoute des formules de conjuration du malheur.

Fatna dira plus tard que, dans les quelques interminables minutes que dura le trajet, elle s'est préparée à la menace la plus vive : « On aura kidnappé mon mari ! » songe-t-elle, le cœur durci.

4. Le fils aîné — qui, à l'université, a suivi ses premiers cours du matin, normalement — revient à la maison. Sur le chemin, il sifflote.

Vaguement, il se souviendra qu'un camarade, dans un groupe qu'il quittait, s'est exclamé bien haut : « La radio vient d'annoncer qu'on a tué une haute personnalité ! »

Le fils a oublié la nouvelle. Un meurtre de plus, hélas ! Il rentre sans presser le pas. Parti très tôt le matin, il est heureux de rentrer plus tôt : il travaillera dans sa chambre, en paix, tout l'après-midi : il se le promet, le cœur léger.

A l'entrée de l'immeuble, la foule. Des visages tendus soudain autour de lui.

« Mon père ?... »

Sa voix s'évanouit pour le restant du jour.

5. A la présidence de la République, la réunion de la commission d'experts, pour le rapport sur « L'Algérie, l'an 2000 » est prévue pour dix heures.

Tous les membres, chercheurs et fonctionnaires, sont là ; ils s'installent autour de la table. L'un d'entre eux remarque que d'ordinaire (mais les réunions se passaient à l'Institut national de statistiques et de stratégie), M'Hamed est toujours le premier arrivé.

— Il sera le dernier aujourd'hui ! Il a dû veiller tard dans la nuit. Méticuleux tel qu'il est, il a dû tout vérifier plusieurs fois !

Dix heures du matin. La séance devrait s'ouvrir : M'Hamed n'est pas encore là, avec son rapport de synthèse.

Dix minutes après, la porte à deux battants s'ouvre lentement. Apparaît le plus proche conseiller du président de la République, maître Haroun. Son visage est livide.

— Je viens vous annoncer..., commence-t-il en français, la voix à peine audible. (Il reprend plus fermement :) La réunion ne se tiendra pas... On a assassiné M'Hamed, ce matin, à son domicile !

Stupéfaction, puis brouhaha. Les membres de la commission se lèvent.

Quelques-uns de ceux-ci, en quittant les lieux un moment après, songeront alors qu'il ne sera pas prudent de dormir chez soi, ce soir, et même les nuits suivantes.

Quelques semaines plus tard, le rapport « L'Algérie, l'an 2000 » réapparut dans quelques ministères.

— Ce n'est pas le vrai rapport ! dira un expert, dubitatif.

— Mais non, c'est bien le travail que coordonnait et supervisait M'Hamed. Il n'y a rien dans ce travail de sociologie et de statistiques qui justifierait mort d'homme !

— Il faut chercher ailleurs ! Le mobile, politique bien sûr, est ailleurs !...

6. Lorsque Fatna, accueillie chez elle par le cercle des voisines, apprend le meurtre de M'Hamed, c'est sa fille, Hasna, qui devant elle se dresse et lui barre l'accès du couloir, vers la chambre.

— N'y va pas, mère ! dit-elle fermement.

Elle ajoute, en arabe, avec un spasme dans la voix :

— Il vaut mieux te souvenir de lui, vivant !

Elle prend Fatna par les épaules, la conduit à la sœur de celle-ci qui vient d'arriver. Elle fait asseoir les deux femmes parmi les visiteuses. Hasna veille à tout, dorénavant.

Le médecin en elle : « Le corps ainsi, éventré, poitrine ouverte, et pour finir, achevé par-derrière, à la nuque frappé !... Elle ne pourrait même pas voir les traits du visage !... ô face de mon père.... du plus pur des Musulmans ! »

Hasna reçoit, peu après, un groupe formé d'un médecin, d'infirmiers et de deux agents en blouse, venus transporter la victime pour autopsie. Elle les conduit jusqu'à la chambre ; n'y entre pas.

Le corps, dans un linge blanc, est enlevé discrètement, tandis que les deux agents restent encore pour, disent-ils, « tout laver ». Ensuite, Hasna ferme la porte, en garde la clef.

Elle rejoint au salon : les amies, les parentes et les responsables d'associations démocratiques. Elle regarde sa mère assise et qui reste figée.

Une ou deux heures durant, Fatna, ailleurs. *(Une heure, deux heures où elle s'est plongée dans un long dialogue ininterrompu avec M'Hamed : il l'aurait vraiment quittée, elle, et à jamais ! Ce jour au collège, ensemble, à El-Bayadh, elle avait quatorze ans, ou quinze, ou presque seize, elle a su, en silence, que leurs espoirs, leur avenir, leur vie seraient les mêmes... Il l'aurait quittée !)*

Elle se lève enfin : elle écoute les responsables d'associations de femmes qui se sont massées pas seulement dans l'appartement, mais aussi dans la rue, sous les fenêtres du logement. Un sit-in s'est improvisé, comme pour les précédents assassinats : des discours s'entrecroisent, un hymne et des slogans sont lancés par quelques-unes...

Fatna trouve les mots qu'il faut pour remercier les militantes, et demander simplement le silence. Elle veut vivre ce deuil dans la recherche du calme : « C'est la volonté de Dieu !... C'est ce que

M'Hamed dirait ! » Elle remercie les amies présentes.

— Les frères de M'Hamed vont arriver bientôt. Laissez-leur chercher consolation à leur manière à eux !

M'Hamed, elle le sent, profile sa silhouette invisible tout près d'elle, tout contre ses épaules. Il lui sourit tristement ; comme d'habitude, il lui fait confiance. Il doit savoir qu'elle trouvera la forme appropriée : pour que ses beaux-frères rudes et pudiques, qui vont arriver de leurs hauts plateaux, ne soient choqués ni par les bruits, ni par la fièvre de la capitale.

Les groupes féministes restent dehors, près du seuil ; elles se contentent de huer les personnalités qui viennent présenter les condoléances.

7. Fatna parle au téléphone à son père qui, d'El-Bayadh, lui sert, comme toujours, de confident (elle, l'aînée de cet homme si ouvert, si fier que Fatna, à l'aube de l'indépendance, fût, dans ce Sud lointain, la première fille bachelière).

Elle fléchit un court instant ; elle lui explique :

— Je voudrais qu'il soit enterré à Alger, là, près de moi ! Que j'aille le voir, que ses enfants...

Son père, un artisan du cuir, un véritable artiste, lui rappelle doucement :

— M'Hamed a vingt-trois frères et sœurs ! Il est à sa mère et à eux aussi ! Il est à toute la tribu des Ouled Sidi Cheikh !... Il est à nous tous ici : c'était lui le trait d'union entre El-Bayadh et les gens de la capitale ! Pas les deux ou trois ambassadeurs, et quelques autres qui ont été élevés ici aussi. Lui seul, parce que vous reveniez chaque été, qu'il a gardé nos habitudes, que chacun, en arrivant chez vous, savait pouvoir compter sur vous...

Il convainc Fatna d'accepter que les funérailles se fassent à El-Bayadh. Toute la ville (cinquante mille personnes) plus tous ceux qui viendront de l'oasis familiale de Brézina attendent de lui rendre hommage.

L'après-midi, le frère aîné de M'Hamed entre, impassible et grave. Il reçoit les condoléances des officiels en silence. Il ne dit mot lorsqu'il apprend que, pour le lendemain matin, un avion spécial — où prendront place la famille et les proches — ramènera M'Hamed à sa ville natale.

8. Très tôt le lendemain matin, débarquent de l'avion de Paris les deux amis les plus proches du défunt : un architecte originaire de la Casbah et un physicien, né à El-Bayadh et condisciple de M'Hamed depuis l'école primaire.

Le premier, après avoir porté le cercueil dans l'avion, renonce à aller enterrer son ami « dans cet accompagnement militaire ».

— Assurons nous-mêmes son transport, et par la route ! proteste-t-il.

On lui rappelle la chaleur, en ce début d'été ; toute la population d'El-Bayadh attend avec impatience ; en outre, ce nouvel aéroport — décision à laquelle a grandement contribué le disparu — n'a jamais encore été essayé : d'où, lui dit-on, cet appui logistique de l'armée.

— C'est grâce à M'Hamed que cet aéroport a enfin été construit et voilà que vous allez l'inaugurer, en somme, par son enterrement !

L'ami, amer, s'en va, souffrant de n'avoir pu contempler le visage de celui à qui il parlait, trois jours avant. Le physicien, ami d'enfance, soutient les enfants de M'Hamed et s'installe dans l'appareil avec le petit groupe.

A l'arrivée, une foule énorme stationne ; rares sont ceux qui ont attendu à El-Bayadh même. A la descente de l'avion, et traversant violemment le service d'ordre — assuré par des Algérois évidemment, constate-t-on —, la mère de M'Hamed, voilée de blanc et toute droite, apostrophe l'ami, d'une voix rêche :

— Ainsi, Abderahmane, tu me le ramènes mort ! Ainsi, tu n'as pas su, toi non plus, le protéger !

Elle reprendra maintes fois ces deux phrases devant l'ami parisien qui se tasse, se durcit et se tasse, et regarde tous les siens ; et durant les sept jours du deuil qu'il passera au milieu de tous, il se souvient.

9. Il se souvient, oh oui — c'était sa première année d'école primaire française, vers la fin des années quarante : lui, à El-Bayadh, lui, fils du maître d'école coranique allant aussi à l'école des Français — et ce grand garçon maigre et brun, un fils de nomade, disait-on : on l'avait mis en pension dans un quartier populaire de la ville. Lui et son cousin arrivaient les premiers, chaque matin, fiers, l'un et l'autre, de leurs beaux cartables de cuir rouge — on racontait que le père, un grand chef caravanier, les leur avait achetés au Caire, oui, vraiment si loin...

Tous les souvenirs assaillent Abderahmane : ceux du collège, puis leur départ, M'Hamed à Sidi Bel Abbés, et lui à Oran. En arrière, la silhouette de Fatna, la première des filles diplômées de cette région si traditionnelle, elle qui sut attendre, par la suite, pour épouser M'Hamed, une fois leurs études terminées. Ces dernières années, les deux familles passaient ensemble des vacances à

68

Tipasa : les enfants adolescents, les épouses, tous et toutes, avec joie, se retrouvaient régulièrement.

Or cette adresse de la mère, lui à peine descendu de l'avion (« tu n'as pas su, toi non plus, le protéger ! »), Abderahmane en était déchiré : durant plus de trente ans, autant dire toute une vie, cela avait été plutôt M'Hamed qui avait semblé les protéger, eux tous : par ses conseils, par son austérité, et grâce à une pointe d'humour imperceptible.

Les discussions, entre les deux amis, ne s'aviaient que sur un point : M'Hamed, musulman de conviction inébranlable et pourrait-on dire optimiste, était sûr que la crise actuelle, liée aux différents islamismes, serait finalement surmontée « de l'intérieur même de la culture et de la pensée musulmanes ». Ce dont Abderahmane n'était vraiment pas sûr.

10. Tous les frères du défunt sont là, les fils de la mère de M'Hamed — celui-ci étant le troisième ou le quatrième —, ainsi que les frères plus jeunes (d'une autre mère) ; les sœurs et demi-sœurs, les jeunes filles surtout, également présentes : troupe silencieuse, orpheline aussi car, pour tous les cadets du défunt, celui-ci, en suivant de près leurs études, leur orientation, avait eu un rôle quasi paternel.

Le chef de toute la famille était mort seulement deux ans auparavant ; au cimetière ce fut tout près de la tombe de celui-ci qu'on enterra son fils M'Hamed. Il n'y eut aucun discours officiel (de hauts personnages, arrivés jusque-là, étaient tassés dans un coin, un peu à part) — la famille avait fait savoir qu'elle refusait toute intervention publique.

Seule la prière de l'absent fut psalmodiée par un vieillard de la ville, tous les hommes dressés autour de la tombe en silence.

Les femmes n'entrèrent pas dans l'enceinte du cimetière ; sauf Fatna qui, assise près de son père, dans une voiture — celle-ci garée dans un coin, près des tombes —, serrait sa fille Hasna contre elle.

En dehors de la petite muraille en pisé, se dressèrent soudain de multiples femmes de la ville, des amies mais aussi des inconnues, des jeunes et des vieilles ; la plupart, un voile clair flottant sur leur tête, assistèrent donc de loin à l'inhumation. Si bien que quelques-unes ne purent s'empêcher de lancer des clameurs brèves : de colère ou de douleur...

— Un homme tel que celui-ci, et ils l'ont tué !

— Ils l'auraient tué au nom de l'islam ! C'est cela, l'islam ?

— Non, ce n'est pas l'islam !

Les veillées des six jours suivants furent zébrées des mêmes exclamations de révolte.

Au cours de l'une de ces nuits, l'un des frères cadets de M'Hamed, peut-être même le plus jeune, interpella Abderahmane, l'ami de Paris :

— Si au moins, laissa-t-il échapper, encore bouleversé, ils l'avaient tué par balles !

11. Fatna repartit à Alger le septième jour ; veillant à son tour sur sa fille, sur ses deux fils. Elle reprit son travail au collège, dès le lendemain.

Deuxième journée

1. Un matin, lorsque Mahfoud quitta à l'heure habituelle son appartement du centre d'Alger pour rejoindre la clinique de l'Hermitage, à Birmandreis, Annette, son épouse, entra peu après dans leur chambre et s'arrêta, étonnée : Mahfoud avait placé, bien en évidence, sur sa table de chevet, deux ou trois dessins d'enfant — des dessins anciens, datant de près de vingt ans, ceux de leurs enfants qui étudiaient maintenant à l'étranger. Elle s'approcha, regarda longuement la table : sur les feuillets de papier Canson, coloriés avec une fantaisie vivace, Mahfoud avait posé (enlevé donc, puis posé...) son alliance de mariage.

« Qu'est-ce qu'il a voulu dire... ou prévenir ? » se demanda Annette, le cœur serré.

Décidément, pensa-t-elle, depuis l'enterrement à Azeffoun du jeune romancier Tahar Djaout assassiné (une centaine d'amis s'étaient déplacés d'Alger, Mahfoud en tête de l'immense cortège gravissant la colline, qui surplombait la mer, où avait été creusée la tombe), depuis ce jour de deuil, Mahfoud parlait peu à la maison ; il semblait encore plus occupé qu'auparavant.

Il s'était mis, avec une soudaine hâte, à classer tous ses travaux, toutes ses publications : ce rangement méticuleux le faisait veiller encore plus tard que d'habitude.

Mais cette alliance laissée sur les dessins de leurs enfants ? Que craignait-il donc pour eux ? Pour lui ?

Annette partit à son tour à son travail.

2. Le lendemain, ou plutôt le surlendemain, ce fut le 15 juin 1993. A la même heure matinale, Mahfoud démarra au volant de sa voiture.

Il arriva à la première entrée de l'Hermitage, le grand portail ouvert comme d'habitude. Il était neuf heures trente. Au bout de l'allée, il remarqua que la barrière — qui aurait dû être levée, le gardien restant alors à son poste, sur le côté — était baissée. Il klaxonna brièvement, étonné sans doute que le gardien n'apparaisse pas (on retrouvera celui-ci une heure après, l'air hagard, dans le grand escalier qui donne, par-derrière, sur la rue).

Deux hommes que le psychiatre n'avait pas vus débouchèrent de l'ombre, où ils s'étaient postés, aux aguets. La vitre du côté de Mahfoud étant baissée, le premier inconnu, d'un coup, ouvrit la portière ; le second puis son complice attaquèrent d'emblée Mahfoud de leurs poignards, à la poitrine et à l'abdomen... L'un d'entre eux dut tourner et retourner la lame dans le corps de Mahfoud qui s'était affaissé.

Les tueurs partirent en courant par l'escalier. Dans la voiture arrêtée devant la barrière toujours baissée, la portière ouverte, l'essuie-glace, soudain en mouvement, s'était mis à grincer.

Un infirmier, venu par hasard du fond et alerté aussitôt, appela, cria, se mit à courir. Au même moment, deux médecins, les assistants les plus proches de Mahfoud, se précipitèrent et découvrirent le professeur évanoui. La foule, derrière ; tout un charivari...

L'un des jeunes médecins vérifia brièvement l'état de Mahfoud qui semblait avoir perdu peu de sang. Il espéra ; assisté de son collègue, il déposa le blessé sur le côté, puis, arrêtant le bruit de l'essuie-glace, démarra en trombe. L'hôpital de Aïn-Naadja, le plus moderne de la capitale, se trouvait à un quart d'heure de là.

Une demi-heure après, au service des urgences de chirurgie, l'intervention commença. Elle dura moins d'une heure : l'hémorragie interne se révélait, hélas, très grave. Le blessé eut deux arrêts cardiaques, au cours de l'opération ; au troisième arrêt, il expira.

A onze heures, la nouvelle se répandit assez vite, et dans quelques-uns des grands hôpitaux de la ville : le professeur Boucebsi, victime d'un attentat, n'avait pu être sauvé.

La nouvelle de sa mort fut le premier flash de la radio et de la télévision, aux informations de treize heures.

3. A l'hôpital de Aïn-Naadja, après quatorze heures, le corps du professeur fut exposé au service de la morgue. De nombreuses personnalités vinrent s'incliner — parmi elles, racontait-on déjà, des professeurs de médecine (ce corps comptait dans ses rangs, c'était connu, autant d'hommes éclairés et ouverts que de professeurs ayant versé progressivement dans un islamisme bon teint) ; certains donc des collègues de la victime avaient décidé de ne sortir désormais qu'armés.

Beaucoup de ces visiteurs, qui ne partageaient pas l'ardeur souvent polémique de Mahfoud contre « le nouvel obscurantisme », rappelaient combien, depuis trente ans, Mahfoud s'était voué à l'amélioration du statut des exclus : des fous, des enfants abandonnés, des femmes seules en détresse ! Tant de lieux de thérapie, déploraient-ils en partant, allaient risquer de se trouver désormais sans appui.

Les médecins se quittèrent à la sortie de la morgue. En mars dernier, le docteur Flici, « le médecin de la Casbah », un authentique militant de la guerre d'hier, avait été tué dans son cabinet ouvert à tous ! Maintenant, la menace planait sur les services hospitaliers eux-mêmes.

Un mois plus tard, l'enquête établit qu'un des infirmiers les plus proches de Mahfoud — celui-ci l'avait recruté six mois auparavant, tout en connaissant son idéologie religieuse mais, heureux de son niveau, il le considérait comme un infirmier modèle — avait, lui, désigné le professeur comme cible à de jeunes tueurs.

Il leur avait décrit les lieux, avait relaté les habitudes quotidiennes de son patron et s'était simplement absenté, par prudence, ce jour-là.

4. A dix-sept heures, Mahfoud fut ramené à son appartement où s'étaient groupés famille et foule d'amis. Annette avait déjà tout rangé dans la chambre — d'abord les dessins de leurs enfants, avec l'alliance de mariage. Elle glissa le tout machinalement dans le tiroir et laissa, par contre, sa belle-sœur téléphoner à Paris aux enfants :

— Qu'ils l'apprennent par nous, et non par quelque journal !

Bientôt commença la veillée mortuaire. Des cousins, des voisins, des collègues, des assistants et tant d'élèves ; certains étaient venus avec leurs épouses ; des enfants aussi.

Annette regardait tout ce monde, les yeux éteints ; une ombre de sourire douloureux lui adoucissait le visage.

Un groupe d'enseignants et de journalistes, du « Comité de vigilance pour la vérité sur la mort de Tahar Djaout » — qu'avait présidé Mahfoud — s'assirent au salon parmi d'autres amis.

Une universitaire rappela tout haut, d'une voix rêveuse :

— A l'enterrement de Tahar, rappelez-vous : Mahfoud, en nous quittant, s'est retourné et exclamé — lui qui aimait plaisanter envers et contre tout : « Et maintenant, à qui le tour ? »

A cette évocation, une femme, assise près d'eux, éclata en sanglots. Tous se turent.

Peu avant l'heure du couvre-feu, les uns après les autres se levèrent et retournèrent dans la chambre du fond où Mahfoud gisait, enveloppé d'un drap. Il semblait dormir, le visage à peine plus pâle que d'habitude, mais quoi, se dirent quelques-uns, Mahfoud n'allait-il pas se dresser et, avec sa fougue habituelle, se mettre à discourir ? Il ne vitupérerait vraiment plus ?

Passant ensuite l'un après l'autre de l'autre côté du lit, chacun s'en alla silencieux, annonçant qu'il reviendrait le lendemain à l'aube.

La levée du corps, annonçait-on, se ferait assez tôt car Mahfoud serait inhumé à Blida, sa ville natale, à une heure de route de la capitale.

Annette, apparemment calme, s'inquiétait de l'heure d'arrivée de ses deux enfants.

5. « Que dire, me raconta par la suite longuement une enseignante, amie de Mahfoud, que je rencontrai dans une capitale d'Europe, que dire de la levée du corps le lendemain ?

« Les inévitables officiels étaient là : le ministre des Universités, celui de la Santé, un autre... Nous, les femmes, celles des associations féministes, qui avions toujours trouvé Mahfoud à nos côtés, depuis 89 — nous sommes arrivées, bien sûr, parmi les premières : après nous être inclinées devant le corps — enfermé déjà dans le cercueil — et après avoir embrassé Annette, nous avons stationné devant l'immeuble (le carrefour proche avait été interdit à la circulation, à cause des officiels et de leurs gardes du corps).

« Nous nous sentions désorientées. Mahfoud transporté à Blida, nous qui ne pouvions aller jusque là-bas, qu'allions-nous faire ? Comment affronter le vide laissé par Mahfoud ?... Soudain, sans nous être concertées, nous nous assîmes, quelques-unes, à même la chaussée, en pleine rue. D'autres nous suivirent. Nous nous sommes retrouvées une cinquantaine ou plus — les plus jeunes en jean, les autres portant une tunique, et même certaines, je crois, un foulard blanc sur la tête.

« Alors nous avons chanté, crié, protesté ; surtout chanté : une sorte de concert improvisé... Pas comme les pleureuses d'avant !

« Je me souviens que l'une d'entre nous a commencé par l'hymne national : *Min djeballina*... "Du haut de nos montagnes !"

« D'autres hymnes suivirent en arabe ; deux ou trois en berbère et fusèrent des exclamations en français, des slogans pour la démocratie, des appels à Mahfoud, des mots d'amour...

« Les officiels qui sortaient alors nous regardaient, l'air incertain. Car nous inventions, avec rage, un nouveau rituel : Mahfoud, après tout, était le médecin des fous, et nous devenions soudain, nous qui avions lutté, défilé dans les rues à la moindre circonstance publique, nous devenions un peu folles, à présent ! Or nous avions, plus que jamais, besoin de sa présence : qu'il soit là avec ses excès, sa joie, sa générosité !

« Nous avons continué ainsi jusqu'à ce que se forme le cortège des voitures ; Annette et ses enfants, la famille et les proches sortirent derrière le cercueil pour le voyage de retour à Blida. »

La narratrice — désormais si loin de l'Algérie — resta devant moi, soudain silencieuse, ses grands yeux noirs fixant ce jour d'Alger de l'année précédente...

6. Le lendemain de l'enterrement, quelques assistantes de l'Hermitage — des infirmières, une ou deux jeunes internes — décidèrent d'aller dans la matinée jusqu'au cimetière de Blida, là-bas, au pied des montagnes redevenues dangereuses.

Elles racontèrent qu'arrivées à l'aube dans ce cimetière agreste, elles avaient trouvé, près de la tombe fraîche et humide de Mahfoud, un garçonnet de sept à huit ans : elles crurent qu'il jouait là et qu'il s'était égaré, loin de quelque demeure paysanne voisine. L'enfant, pieds nus, semblait difficilement se mouvoir : un jeune handicapé non soigné, mais à la voix presque d'adulte. Il avait contemplé longuement la méditation émue des visiteuses.

Il les interpella, à la fin, avec un doux sourire :

— Vous pouvez partir tranquilles ! Je suis là pour veiller sur... sur le docteur !

Troisième journée

« Quelle est ta couleur ?
— Le rouge, qui commence à se déla-
ver ! »

Interview d'Abdelkader Alloula,
21-7-93.

1. Abdelkader Alloula, auteur dramatique, metteur en scène et comédien de théâtre, est mort à
Paris, avant l'aube du lundi 14 mars 1994.

Le lendemain, à la levée du corps, avant que
celui-ci ne soit emmené à l'aéroport pour être
transporté à Oran, j'entre, accompagnée par ma
mère et ma fille, et parmi la famille, dans la pièce
où il repose : pour le dernier adieu.

Son visage aux yeux fermés, aux traits gonflés.
Il est donc mort, voilà un jour et demi. Il a été
abattu le jeudi précédent au pied de son escalier,
alors qu'il se rendait à la conférence que les journaux avaient annoncée : trois balles furent tirées,
dont deux l'atteignirent à la tête.

Quand il retrouvera sa ville, ce soir, cela fera cinq
jours qu'il n'est plus conscient.

Le sixième jour, demain, il quittera pour la dernière fois l'appartement rue de Mostaganem. Il

naviguera dans les rues, au-dessus de toute une foule : d'abord de chez lui au théâtre (son itinéraire presque quotidien, celui qu'il allait suivre juste avant d'être atteint). La procession sera ouverte par les femmes : ses deux filles, son épouse, ses trois sœurs, et les comédiennes et les amies d'enfance et... Sa mère seule manquera, parce que malade : on craint même qu'elle ne se hâte de le suivre !

2. Pour l'instant, à Paris, et là, dans cette salle obscure où il est un gisant, au creux de ce lourd cercueil encore ouvert, de ma place, au deuxième rang, je le vois pour la première fois couché ; je le vois pour la première fois endormi. Son regard ? En dedans, déjà.

Je ne quitte pas des yeux ses traits. Son visage a une couleur qui n'est plus la sienne, qui n'est pas encore celle de la terre, ou du sable.

Il est là puisqu'il dort et que sa stature s'offre encore à notre vue, et que ses yeux qui ne s'ouvriront plus, si larges, ne brilleront plus, si pudiques ou au contraire si rieurs.

L'imam commence d'une voix chantante la *fatiha*. Il psalmodie la sourate dans le silence : autour de moi, quelques-uns, femmes et hommes, les paumes ouvertes et jointes, peut-être qu'ils le disent, eux aussi, le texte sacré, en même temps que l'imam.

Moi, du deuxième rang, entrevoyant dans un brouillard, face à moi, le visage raidi de Malek, le frère de Kader, moi, scrutant la face du gisant, je veux, oh oui je veux qu'il ouvre seulement les yeux. Je n'y peux rien : c'est ma seule pensée, ma seule litanie. Ma gorge ravale ses spasmes : regarder, me taire, vaincre les nœuds qui enserrent mon larynx.

La *fatiha* interminable : eux tous dans l'acceptation avec elle, ou grâce à elle... Moi, qu'est-ce qu'il me reste ? Face à moi, pour une minute encore ou deux, le visage endormi de Kader. Image d'immobilité.

La *fatiha* interminable ; la voix de l'imam, chantonnante. Depuis une seconde, mes hoquets rythment, par saccades, la mélopée. Qui se termine.

Je tourne la tête. Je sors la première. J'attends dehors avec la foule des amis.

Quand le cercueil fermé est sorti de la salle, puis juché dans un fourgon funéraire — quatre porteurs dont les deux frères de celui qu'on emporte, Malek impassible, Kamal sanglotant —, j'ai compris que Kader était mort.

Qu'il nous laissait le vide.

3. Pleine la ville — Oran « la belle » — quand le lendemain, un mercredi, ils l'enterrèrent. « Ils » ? Tout le pays.

D'abord les femmes, les jeunes filles, les matrones et les vieilles — et les enfants, bien sûr. Le cortège ?

Oran se donna une journée entière de spectacle improvisé comme si, après ces trente ans de combat de Kader en son sein, elle commençait à peine à comprendre cette leçon, elle allait, enfin, le lui prouver, à lui qui, en vérité, fut, ces années-là, son maître alors qu'il ne se croyait qu'un de ses enfants, le plus apte à quêter, à écouter ses rumeurs, ses secrets !

La cérémonie, avec ses vagues tumultueuses, commence face au théâtre municipal — le T.R.O. qui fut lieu de la création pour les neuf pièces du défunt — ; et elle se continue au cimetière qui s'emplit bien vite, que de la périphérie de la ville, les enfants, les familles, les ruraux des banlieues impatiemment rejoignent.

Ce théâtre d'aujourd'hui mêle les genres, fidèle au répertoire alloulien : avec des chants qui scandent, avec de l'humour soudain déchiré et une parole éparpillée, composite, éclatée, tanguant entre le rire rabelaisien et une brume de tristesse (je le sais soudain : le verbe de Kader traversera, c'est sûr, les siècles algériens, à cause même de cette vitalité !)... Une parole de tous, ce jour-là, et tous, sans comprendre, se sentent à la fois tous, chacun et seuls, orphelins de Kader.

Il y eut aussi l'éloquence (un grand acteur du pays, le plus grand sans doute à présent que Kader est mort). Il y eut au cimetière le concentré de tragédie : Zoubida — elle qui posa à mes côtés sur la seule photo que prit de moi Kader, quinze ans auparavant : moi en mariée tlemcénienne, couverte de perles et d'or jusqu'à la taille, et ce, pour faire plaisir à sa mère dont je devenais la bru en épousant Malek —, Zoubida, émaciée, figure brune et fiévreuse, voulant aviver, ou plutôt apaiser sa peine en tentant de s'en délivrer, se révolte, sa colère se zèbre d'un mépris désespéré :

Où êtes-vous donc, hommes d'Algérie, où vous trou-
[vez-vous donc,
Alors qu'Oran a perdu son lion, sa poutre maîtresse !
Où êtes-vous donc tandis que les meilleurs fils de
[l'Algérie tombent ?

Elle improvise encore sur ce thème dans les pleurs, ses vers d'arabe oranais se gonflent en complaintes — et son corps chancelle, et des femmes la soutiennent, et elle déclame et...

Un cameraman qui se trouvait là n'eut qu'à faire

82

deux pas, sous son visage, et avant qu'elle ne tombe, pour la prendre ainsi, pour que, le soir même, toute l'Algérie reçoive, pétrifiée, ces diatribes... Zoubida, amie de toujours de Kader, elle, professeur de littérature française à l'université, que le désespoir mue en pleureuse traditionnelle, en chanteuse tragique... Elle, autrefois, la rieuse !

Il y eut, bien sûr, les officiels : un Premier ministre qui stigmatisa l'intégrisme, et un autre qui, se rappelant ses années avec Kader au lycée Lamoricière d'avant l'indépendance, manifesta son émotion personnelle.

Je crois, moi qui fus absente de la cérémonie, je suis même sûre que, déjà, Kader, invisible, va et vient au-dessus de l'immense foule. Il est heureux comme au théâtre où, certains soirs, contre toute attente, le public vient bien plus nombreux que d'habitude. Il ne se savait pas tant de fidèles : il est heureux, comme à une vaste *halqa*, ce cercle de création et d'écoute populaires. Il est joyeux, comme dans un jeu pur !

4. Tandis qu'il flotte ainsi librement dans les rues désertées, peut-être sait-il déjà. Il sait où vont tomber les suivants : ici, un professeur d'université, le plus ancien et le plus modeste (on l'attendra à Grenoble pour un cours), là un chanteur de raï (il aura été si heureux, quelques mois auparavant, de son concert à New York : heureux d'être connu ailleurs !) et là, plus loin, un jeune journaliste, un admirateur de Kader, un confident (il tombera au moment où il servait d'arbitre pour des jeunes d'un quartier pauvre, dans un entraînement de football).

Errant dans ces franges de la ville désertée (ils sont tous là-bas à la commémoration !), Kader occupe à lui seul le vide : tous les commerçants ont baissé leurs rideaux. En plein jour, et malgré le soleil printanier, Oran devient ville de nuit, elle qui n'avait jamais su tout à fait dormir, elle...

Le voici enfin là où il voulait revenir, là où, les derniers temps, il se sentait le mieux : à l'hôpital, au service des enfants cancéreux.

Il va les revoir, s'oublier avec eux, espérer qu'ils ne savent pas encore, qu'ils l'attendront avec espoir... Il leur avait raconté, installé au chevet de l'un, de l'autre, sa dernière pièce jouée, une traduction de Goldoni, *Le Serviteur de deux maîtres*. Il leur avait dit aussi qu'il préparait un spectacle — montage des pièces et des poèmes de Kateb Yacine : avec quatre ou cinq comédiens, ils iront créer le spectacle bientôt à Marseille, à Paris, et ensuite à Oran bien sûr : mais eux, les enfants, ici même en auront la primeur : il le leur a promis.

Il les contemple maintenant du seuil des trois grandes salles : sont-ils vraiment condamnés ?

« Condamnés ? Non ! » se dit-il — car cette conversation, il me la rapportera, à l'autre bout de la terre plus tard. Condamnés, les morts précoces ? Non.

Aussi, Kader, sur le point de quitter ces lieux familiers, par modestie, préfère prêter sa voix à d'autres — c'est alors que je l'entends enfin, pour la première fois depuis qu'on lui a tiré dans la tête, j'entends sa voix réciter sans effet, d'un ton étale, les vers de Kateb, alors qu'il enveloppe d'un dernier regard les enfants assoupis.

> *Mourir ainsi c'est vivre*
> *Guerre et cancer du sang*
> *Lente ou violente chacun sa mort*
> *Et c'est toujours la même*
> *Pour ceux qui ont appris*

A lire dans les ténèbres
Et qui les yeux fermés
N'ont pas cessé d'écrire
Mourir ainsi c'est vivre.

5. « Les yeux fermés », a murmuré Kader, dans le sillage de Kateb.

La dernière fois que j'ai vu Abdelkader Alloula à Paris, le 15 mars 1994, il gardait les yeux fermés.

III

La mort inachevée

> « *Rien ne pourra faire que la gloire, soli-*
> *taire et solaire, que les vertus d'un homme*
> *ou d'un peuple ne soient réduites, d'abord*
> *par l'analyse, ramenées à n'être qu'un*
> *dépôt ou qu'une vase [...] mais la honte*
> *qui demeure, après une vie de trahison, ou*
> *même après une seule trahison, est plus*
> *sûre. Elle risque moins d'être entamée que*
> *la gloire [...]*
> *Un peuple qui n'aurait, pour le marquer,*
> *que des périodes de gloires ou des hommes*
> *de vertu, serait toujours soumis à l'ana-*
> *lyse et réduit à rien, sauf une vase. Les*
> *crimes dont il a honte font son histoire*
> *réelle, et un homme c'est pareil. »*

Jean GENET, *Lettres à Roger Blin sur*
Les Paravents.

Entre une mort blanche et l'autre, celle que pro-
voque l'accident de hasard, ou pire, le meurtre avec
son vrombissement de haine — entre ces deux
issues, où gît la différence, pour nous qui restons ?

Nous, témoins de l'instant qui casse la course de
l'ami, ou doucement en interrompt le fil, au
contraire de ceux qui assistent à l'autre fin, à

l'aboutissement par épuisement, de quelle peine ou de quel bouleversement devons-nous lentement nous décharger ? Ainsi moi, à votre propos, chers amis, vous la triade la plus proche à mon cœur, de la terre là-bas, de la patrie commune, tandis qu'entre nous seul l'écheveau des mêmes langues tressaille et vous rend à nouveau si présents !

La mort est-elle inachevée, parce que violente, parce que survenue sans s'être annoncée ?... La cassure, la chute représenteraient un peu la double mort puisque survient, d'un coup, la plongée dans le trou.

Or moi, je veux parler de l'autre, je veux évoquer celle qui s'exhale jour après jour, à pas feutrés à peine audibles : la mort qu'on attend, qui chevauche les jours, celle des longues cérémonies autour de l'agonisant — les proches cherchent leurs mots et, quand ils pleurent, ils le font douce-ment avec déjà la consolation qui perle dans les larmes coulant encore sur la joue... Une telle mort glisse, comme une plie luisante, dans la rivière de notre mémoire. Tandis que celle qui survient avec fracas et dans le sang dégorgé, elle bouscule, elle viole notre durée, elle nous laisse pantelants.

Jusqu'à l'absence — après les funérailles d'un décès attendu, lorsque le départ d'un proche nous semble achèvement, cette séparation définitive fait affleurer en nous comme une tristesse sage, une résignation douceâtre.

En somme, les morts qui partent, après une longue attente, même si celle-ci est zébrée de souf-france physique, ces morts partent presque en nous souriant — ils nous proposent un legs obs-cur, pas seulement les quelques choses possédées qui les entouraient et que souvent ils nous laissent plutôt, surtout, un surprenant message : ils nous signifient avec une ineffable mélancolie que ce sera bientôt notre tour.

Aussi distraits que nous soyons, ces morts familiers nous rappellent qu'un jour sera pour nous le passage. C'est certes malgré eux qu'ils nous le disent : ce serait un privilège, et même une secrète richesse, de nous imaginer nous apprêter à mourir.

Nous pouvons avoir à peine trente ans, ou au moins quarante (l'éblouissement de la jeunesse, qui immobilise, sera retombé) : nous percevons que nous nous trouvons juste à mi-parcours !

Pourtant, lorsqu'un père ou une mère disparaît, malgré les souffrances et conscient dans les minutes de la rémission qui précède son départ, il nous regarde : il cherche encore comment adresser son admonition tendre : celle qu'on n'attendait pas. Il va « passer » ; finalement, nous le vérifions bientôt, cela seul compte, l'instant du passage — yeux ouverts bien sûr, cœur palpitant, oh oui ! Seul le corps persiste à frémir, lui que parfois l'on torture encore à coups de médicaments — le corps frémit dans un ralenti de l'adieu ; avant d'être saisi.

Non ; pas un saisissement, ni même un affaissement. Plutôt des cendres qui d'elles-mêmes s'éparpillent, plutôt une isolation progressive ; une brûlure d'effacement.

J'ai parlé si longtemps de cette mort qu'on pourrait dire normale (comme si mourir, même à quatre-vingts ans, c'était normal, c'était la vie !).

Je suis tentée de tout prévoir alors : les lenteurs, les moiteurs, la peur qui grignote, l'asphyxie progressive du moindre espoir, puis l'accéléré final de cette mort blanche — mort d'un enfant même, mort d'un amant, celle du corps le plus proche de votre corps qui, exorbité, regarde glisser un peu de sa propre fin...

On me raconta, à l'un de mes retours là-bas, « chez moi » (du temps, encore récent, où je croyais, quoi qu'il arrive, avoir un « chez-moi »), on me décrivit la mort d'un grand ami et le récit se fit plutôt à demi-mot.

Il attendait le grand amour : il s'était oublié longtemps, parce qu'il était l'aîné, conscient de ses devoirs, en faveur d'une sœur et d'un frère cadets. Veiller surtout sur la sœur orpheline : ne penser qu'à son établissement. Il vécut fier et sans doute chaste ; sentimental aussi, pudique : un compatriote né en Syrie, revenu en Algérie, la terre de ses pères, dans l'allégresse et le désordre des premières années après 62.

Je le connus dix ans après : un quadragénaire à l'allure juvénile et au regard presque d'enfant. Sa sœur se maria et quitta le pays ; lui, finit par tomber amoureux ; il épousa une jeune fille à la beauté sage et calme d'une Anglaise, elle, la fille d'un imam. Mon ami me raconta (il parlait un arabe recherché, un anglais maîtrisé et un français incertain) l'élan de son amour, toute une année, la discrétion de ses noces, l'ivresse de leur long voyage de noces en Andalousie. Jamais, sauf au retour d'un long séjour chez les Touareg où il avait enfin trouvé tout ce qu'il avait attendu, en beauté, en authenticité, de ce pays trop longtemps sublimé — jamais, je ne le vis aussi intensément heureux.

Quelques mois passèrent. Un jour de week-end, il revint du court de tennis à peine las et bronzé. Il dîna seul avec sa jeune épouse, qui commençait à se désoler de ne pas être encore enceinte. Ils se couchèrent ; certainement, ils se désirèrent et s'aimèrent. A peine puis-je l'évoquer, l'effleurer, par crainte d'effaroucher, par mon dit, cet ami.

L'épouse s'endormit la première, dans les bras de son aimé... Quand se réveilla-t-elle, vraiment quelques heures plus tard, presque à l'approche de l'aube, son époux — cinquante ans qui n'en paraissait pas tout à fait quarante — gardait sur son visage un sourire à la fois de sérénité et d'une étrange distraction : la jeune femme, soudain alarmée, venait d'allumer la lampe. Elle s'oublia une, deux secondes dans la contemplation de ce sourire... Alors seulement elle approcha son souffle du sien, alors elle comprit : son mari avait rendu l'âme tandis qu'elle dormait dans ses bras... et ce sourire, qui, peu à peu, si lentement se dissipa comme une brise entrée dans la chambre et la traversant, ce sourire s'effaça.

Elle secoua le corps chaud, elle caressa le torse, les bras — ceux-ci mollement retombaient. Le visage, oh oui, ce visage qui avait retrouvé sa gravité, ne la regardait plus : il dormait là où il était déjà parvenu là-bas, ailleurs !

Elle se dressa ; elle appela. Le médecin, un voisin qui survint un quart d'heure après, déclina le verdict : un infarctus violent avait saisi le dormeur, l'avait figé.

— Mort sans souffrances ! murmura le praticien

De cela, elle était sûre : le sourire de sérénité — tel celui de l'ange de Reims, sur la pierre — en était la preuve. Sans souffrances, oh oui, mais la mort, vraiment la mort ?

Alors, la jeune épousée, quoique fille d'un imam, n'invoqua pas la moindre formule liturgique, non. Elle se dressa près du lit et, d'un coup, elle hurla. Telle une louve, elle hurla.

Cet ami mort brusquement, je ne pris pas l'avion de Paris à Alger pour être avec les siens — pour me convaincre qu'il était parti : surgi d'entre les draps de l'amour, vingt-quatre heures après à peine englouti dans le linceul blanc, au fond d'une tombe, face à la baie d'Alger vers laquelle il était arrivé, pressé, silencieux et solitaire, vingt ans auparavant, pour la première fois. Je ne suis pas allée ; j'aurais dû.

Toute l'année suivante, je passai maintes fois devant son immeuble, devant le balcon de son salon : ce n'était plus lui qui viendrait m'attendre à l'aéroport, qui trouverait le temps, quelques jours après, de m'y ramener. Je ne voulais pas pénétrer dans son appartement : sa veuve ne s'y trouvait plus. Des parents sans doute auraient pris la place... Et moi, tournant la tête vers la baie d'Alger (qu'il contemple, du fond de sa tombe, tout près), je persiste à me dire qu'il n'est pas mort, Malek ; qu'il est absent : qu'il va revenir. Qu'il va me parler (« A toi seule, disait-il dans son arabe si raffiné, à toi seule je peux dire comment la vie, le bonheur... ! »). Il va revenir. Et moi, que lui répondre, je ne peux concevoir sa mort dans cet Alger gelé d'alors, où une fièvre froide se tapissait, où la haine cherchait déjà dans le noir ses linges du désespoir...

Procession 1

1. Pourquoi raconter, à mon tour, la mort de cet écrivain, encore jeune et célèbre, survenue ce 4 janvier 1960, sur la route de Villeblevin (Yonne) : je restituerai ce même jour, en cours d'après-midi, à Alger. La nouvelle tourne, hésite, vrille autour d'une dame qui, à Belcourt, attend à la fenêtre.

Jours de janvier à Alger, non loin du Jardin d'essai : les martinets sont presque tous partis... Quelques-uns encore dans les branches des platanes. Soleil vif, presque blanc de l'après-midi froid. La dame attend à la fenêtre.

Ils sont venus — deux voisins et un parent. Ils ont commencé : « Albert... » Elle a entendu trois fois le prénom. Quoi, Albert ? Son esprit est gourd. Il y a peu, elle a décidé de compter les jours : depuis qu'on lui a lu cette lettre, la semaine dernière : « Je reviendrai avant l'été. Je t'amènerai ici pour des vacances ! »

Depuis, elle a décidé de compter les jours. Elle ira, oui, avec Albert. Même là-bas Pour « des vacances », a-t-il dit. Qu'est-ce que c'est « des vacances » ?

Elle n'a plus peur à Belcourt. Encore un attentat, il y a un mois ; mais pas dans sa rue. Elle a si souvent envie de dormir. La paix. Oui, elle le dira à Albert et il comprendra : « Même à Alger, même avec ces attentats, ces explosions, de temps en temps... pas tous les jours... Oui, la paix, enfin, à Alger ! »

Dans trois mois, dans six mois, Albert, son fils viendra.

Ils sont toujours là, les deux voisins et l'autre, le parent. Ils se taisent... Ils se regardent.

Elle lève la tête vers eux, de sa chaise ; elle va pour sourire. Ses lèvres vont murmurer « Albert »... Elle va presque dévider toute une phrase, dire que dorénavant elle comptera les jours. Six mois, puis trois mois, puis demain...

Elle se soulève soudain, les bras en avant. Ils la soutiennent, la recueillent.

— Nous restons près de vous ! a dit l'un des voisins.

Enfin, elle a compris : leur silence, leur manière à chacun de la regarder, leur gêne. Elle a su : un voile noir d'un coup tombe sur elle habillée de noir. Elle a su d'emblée : Albert ne viendra pas, ne viendra plus !

Elle ne tombe pas. Elle vacille. Le parent la prend dans ses bras. A cet instant, son autre fils est entré : la face rougie, bouleversée. Il court vers elle, les bras en avant. Il a besoin d'elle.

A partir de ce moment, elle ne sait plus : ils l'ont conduite vers l'autre chambre, vers son lit en fer. Le parent et le fils restent là, tout le restant du jour. Elle ne sait plus. Ou plutôt si ; la paix, dans cette ville, est bien là : revenue, tel un vol d'abeilles silencieuses ; un étirement.

Elle va compter les jours, les mois, la mère d'Albert. Jusqu'à six mois ; puis trois mois. La paix, blanc infini.

Six mois plus tard, la mère d'Albert sera inhumée tout à côté de sa mère, morte trois ans auparavant : deux dames, la vieille et terrible Espagnole et sa fille douce, la presque muette...

Albert Camus repose presque en face d'elles, à Lourmarin, de l'autre côté de la mer.

2. Au début de l'automne 1961, Frantz Fanon, psychiatre antillais, Algérien d'adoption qui vient de connaître cette même année une notoriété internationale avec la publication des *Damnés de la terre*, rentre à Tunis auprès du G.P.R.A. Il a représenté ce « Gouvernement provisoire de la République algérienne » au Ghana et en Guinée. C'est là qu'il a ressenti les premières atteintes de son mal.

Sa femme, Josie, me rapportera longuement ces journées d'incertitude et d'attente à Tunis. Le verdict semble inquiétant : la leucémie s'est déclarée. La décision est vite prise de faire bénéficier Fanon des meilleurs soins possibles : il accepte d'aller se soigner aux Etats-Unis. A New York, la délégation algérienne auprès de l'O.N.U. compte, parmi ses membres, quelques amis personnels de Fanon.

Ceux-ci expliquent, au téléphone, qu'on a pu le faire admettre dans l'hôpital de Bethesda, à trois heures de train de New York : son service de traitement de la leucémie est le plus performant du pays. Des démocrates américains — des amis de l'Algérie en lutte — seront là, vigilants.

Josie, trente-deux ans et mère d'un jeune garçon, espère pouvoir l'accompagner. Elle n'explicite pas haut son désir à Frantz. (« Ce sera un mois, peut-être deux, au plus ! » lui dit-il, sans doute pour la rassurer, pour se rassurer aussi.)

Elle m'avouera, des années plus tard :

— Jusqu'à la fin, j'ai espéré : eux, ces amis, ceux qui aimaient Frantz et qui l'admiraient, il me semblait qu'ils allaient comprendre : que l'on ne pouvait l'envoyer si loin se soigner seul, que si je veillais sur lui... Sans doute le voyaient-ils comme un homme de fer, indestructible ! Et lui...

Elle se durcit, puis elle ajouta, à peine amère :

— Lui, je l'ai compris, il a pensé que tous ces frais qu'il occasionnait, c'était déjà bien assez pour la Révolution algérienne !

Elle garda silence, puis :

— Il est mort seul, à New York, deux mois après. Seul ! répéta-t-elle âprement.

Nous passâmes un mois d'été ensemble dans un village au bord de la mer, à une demi-heure d'Alger. Elle se levait tôt ; elle déversait de nombreux bidons d'eau pour lessiver le sol de la véranda. Nous restions là, la matinée, à contempler la mer. C'était en août 1988, nous nous trouvions bien : nos amis, nos enfants nous entouraient le restant du jour.

Josie évoquait le passé ; puis se taisait. Je travaillais chaque nuit, lorsque j'entendais les pêcheurs s'éloigner sur leurs barques.

Les premiers jours d'octobre 88, Alger s'enfiévra ; sous le balcon de Josie, à El-Biar, des adolescents révoltés brûlèrent, les premiers, des voitures de police.

Le lendemain, les jours suivants, cette fois en plein cœur d'Alger, l'armée investit la capitale et, face à des manifestations pacifiques, tira : six cents jeunes furent abattus.

D'un bout à l'autre de la ville en émeute, ne pouvant nous rejoindre, nous nous parlions au téléphone : j'entends encore aujourd'hui la voix de

Josie, rageuse, sans fin commenter les scènes de violence qu'elle avait vues ou qu'on lui avait rapportées.

A nouveau, ô Frantz, les « damnés de la terre » !

3. Le 14 mars 1962, le romancier Mouloud Feraoun trace quelques lignes de son *Journal* des jours de guerre — il le tient depuis novembre 1955 :

« A Alger, c'est la terreur. Les gens circulent tout de même et ceux qui doivent gagner leur vie ou simplement faire leurs commissions sont obligés de sortir et sortent sans trop savoir s'ils vont revenir ou tomber dans la rue. Nous en sommes tous là, les courageux et les lâches, au point que l'on se demande si tous ces qualificatifs existent vraiment ou si ce ne sont pas des illusions sans véritable réalité. Non, on ne distingue plus les courageux des lâches. A moins que nous ne soyons tous, à force de vivre dans la peur, devenus insensibles et inconscients. Bien sûr, je ne veux pas mourir et je ne veux absolument pas que mes enfants meurent mais je ne prends aucune précaution particulière... »

A son dernier séjour à Paris, un mois auparavant, des amis ont insisté pour qu'il vienne à Paris « se protéger », a dit l'un d'eux ; Feraoun, qui a reçu plusieurs fois des lettres de menaces de l'O.A.S., a souri, répété que sa place était « chez lui, quoi qu'il arrive ».

Il a promis toutefois d'envoyer bientôt son *Journal*. A présent que l'on parle si sérieusement de négociations, cette chronique, sans doute, va se terminer d'elle-même ! « Si seulement la paix pouvait arriver ! » a-t-il murmuré là, dans le bureau de son éditeur.

Ce jour du 14 mars, à Evian, il semble que les deux délégations — de la France et du F.L.N. — soient sur le point de conclure ; le lendemain verra-t-il l'annonce du cessez-le-feu ?

Alger, depuis des mois — en particulier ces dernières semaines — semble livré totalement à la violence de l'O.A.S. Dès l'annonce de la conclusion de la paix, ce sera certainement l'explosion meurtrière.

Chez lui, ce soir, Mouloud s'attarde longuement, dans la cuisine : il converse avec sa femme et son fils aîné. Il entraîne celui-ci au salon : il se met à évoquer, en détail, toutes les écoles où il a exercé comme instituteur. Le jeune Ali s'en souviendra ensuite ; il l'écrira à l'ami de son père, Emmanuel Roblès. Justement, on parle à la radio du dernier roman de celui-ci ; le père et le fils écoutent l'émission ensemble avant d'aller dormir.

Le lendemain matin, dès huit heures, tandis que Mouloud s'apprête à sortir — une réunion importante à Ben Aknoun, aux Centres sociaux —, son épouse veut réveiller ses deux fils : c'est l'heure pour l'école. Mouloud s'interpose.

De son lit, Ali entend son père remarquer doucement :

— Laisse les enfants dormir ! — puis, après un silence, il poursuivit, du même ton : Chaque matin, tu fais sortir trois hommes ! Tu ne penses tout de même pas qu'ils te les rendront comme ça tous les jours !

L'épouse, pour conjurer le sort, cracha vigoureusement dans le feu. En sortant, Feraoun ferma précautionneusement la porte.

A cette heure déjà, dans la ville, les tueurs de l'O.A.S. sont à l'œuvre ; ils ont commencé leur moisson, ils ont entrepris leurs quotidiennes « ratonnades », impunément.

A six heures et demie, à Hussein-Dey, devant une file d'Arabes, des ouvriers et manœuvres attendant le bus pour aller au travail, un homme armé d'un pistolet-mitrailleur descend d'une voiture Renault blanche qui stationne. Il déverse un premier chargeur, puis un second sur la foule : six morts d'un coup et, parmi les autres, treize blessés seront dénombrés, dont quelques-uns mourront avant de parvenir à l'hôpital.

Une réunion importante, ce jeudi matin, se prépare aux Centres sociaux, à El-Biar, où se dirige Mouloud Feraoun.

Elle est prévue pour dix heures et demie, c'est Marchand, le directeur, qui doit la présider — lui qui vit toutes ces semaines en homme traqué. Il a reçu plus d'une lettre de menaces, et d'abord à Bône où, par miracle, il a échappé de justesse à un attentat. Nommé à Alger, il y retrouve à nouveau la peur : il change de domicile le plus possible, il a renoncé à toute vie de famille — c'est un « Français de France », ancien résistant, ancien évadé des camps, venu une première fois en Algérie, il a demandé à revenir malgré tous les dangers : l'œuvre fondée par la célèbre ethnologue Germaine Tillon, pour la scolarisation des enfants en « milieu intégré » l'exalte.

Quelques inspecteurs, de l'Est et de Tlemcen, n'ont pu arriver ; la réunion est retardée d'une demi-heure. Mouloud Feraoun, ainsi que ses deux amis, Salah Ould Aoudia, le Kabyle christianisé, et Ali Hammoutène, le musulman, sont, tous les trois, ponctuels.

Ils sont là, dix-sept inspecteurs-enseignants à s'installer dans la salle réservée aux réunions, une sorte de baraquement, dans un coin de la cour. Marchand va ouvrir la séance.

A côté, dans le même ensemble de bâtiments entourés d'arbres et de beaucoup de verdure, travaillent, dans des bureaux administratifs, une dizaine de personnes ; dans le voisinage immédiat, l'Ecole normale primaire de jeunes filles est installée.

L'ensemble, à un carrefour sur ces hauteurs d'Alger, porte le nom de « Château-Royal », ou « Château-Douïeb », du nom des anciens propriétaires des lieux.

Sur la route bordée de palmiers, qui longe les bâtiments, deux voitures, amenant huit hommes armés, roulent lentement, puis stationnent devant le portail.

Un premier homme descend. C'est la concierge arabe, assise à une fenêtre de coin de l'Ecole normale, qui l'aperçoit, d'abord distraitement. Il se dirige vers les bâtiments administratifs, proches de l'entrée.

Peu après, un employé qui traînait dans la cour et qui retourne à l'intérieur est immobilisé, dans le couloir. Menacé par une arme dans le dos, il rejoint ses autres collègues, tous parqués dans un bureau : il a eu le temps de remarquer, dans un éclair, qu'au standard de l'entrée toutes les lignes téléphoniques ont été arrachées.

Là-bas, au fond de la cour, sans se douter de rien, Marchand et ses collègues entreprennent les premières discussions : ils savent l'importance de cette rencontre et qu'il leur sera bien difficile d'en organiser une nouvelle, étant donné les menaces qui s'appesantissent.

Il est onze heures et quart : surgissent avec fracas, dans la pièce, deux hommes armés, l'air excité, et un troisième, derrière eux, un jeune homme aux cheveux blonds, non armé et à l'air étonnamment placide.

Le premier homme armé ordonne à l'assistance :

— Tous debout, les mains en l'air et au fond, contre le mur !

Ils obéissent. Sur ce, le blond intervient d'un ton calme :

— Il ne vous sera fait aucun mal. Ceux qu'on va appeler auront à sortir avec nous : pour une formalité !... Un enregistrement.

Certains des enseignants se rassérènent : il y a eu, la semaine précédente, plusieurs émissions pirates de l'O.A.S. S'agit-il d'une opération de ce genre ?

Seul Marchand reste durci — et, près de lui, un témoin l'affirmera plus tard, Mouloud Feraoun semble très pâle.

Le second homme armé sort de sa poche une liste. Il épelle sept noms, l'un après l'autre et par ordre alphabétique. Le jeune blond intervient, toujours aussi calme :

— Que chacun de ceux qui sont appelés sorte sa carte d'identité et nous la présente !

Ces quelques détails semblent diminuer la tension. L'un des hommes armés est d'ailleurs déjà aux aguets dans la cour, l'autre, sa mitraillette sur un bras, tend l'autre main pour prendre les cartes d'identité.

— Aimard, Basset, Feraoun, Hammoutène, Marchand, Ould Aoudia.

Celui-ci, en hésitant, demande d'aller chercher ses lunettes posées sur sa table : l'un des hommes lui fait un signe affirmatif de la tête. L'ami de Feraoun va prendre ses lunettes, les range dans sa poche, donne sa carte d'identité puis se place à côté de la porte. Un septième nom vient d'être répété trois fois :

— Petitbon !

Petitbon est absent. Les autres, les onze non-appelés, n'ont pas bougé : contre le mur, bras levés, visages figés, ils semblent soudain des automates vidés de toute réalité. Les six appelés sortent alors en file devant, les bras toujours en l'air et les deux hommes armés, derrière.

Le blond, sur un ton soudain agressif, menace ceux qui restent :

— Surtout, que personne ne sorte avant mon autorisation !

En quittant la salle, il ferme la porte.

Quelques minutes s'écoulent, interminables. Lorsque s'élève la rafale, au crépitement intense, un staccato qui semble s'amplifier à l'infini, certains de ceux qui sont là se précipitent aux fenêtres ; d'autres avoueront qu'ils s'attendaient à être emmenés à leur tour pour l'exécution. Puis c'est le vide étrange de l'après-massacre : un silence de craie les cerne. Ils se regardent ; certains sortent enfin dans la cour.

Au fond, contre le mur qui fait angle, gisent trois corps recroquevillés, presque ratatinés. Les premiers témoins qui courent, un ou deux enseignants affolés, d'autres sortant, hébétés, des bureaux voisins, découvrent, contre l'autre face du mur, non loin du portail entrouvert, trois autres corps : Mouloud Feraoun, tombé par-dessus son ami Ould Aoudia qu'il recouvre en partie, tout près d'Hammoutène, semble tressaillir encore. L'écrivain agonise.

A cet instant, les deux fusils-mitrailleurs qui avaient été auparavant installés sur des bipieds, près de l'entrée (la concierge de l'Ecole normale a tout vu, impuissante), ont été emportés par les exécuteurs qui, calmement, ont rejoint leurs complices dans l'allée de palmiers ; les deux voitures ont redémarré, emportant le commando.

Le bruit de la mitraillade a été si intense et s'est répercuté dans les environs avec un tel fracas que, passé l'instant figé de la stupéfaction, les gens, de partout, accourent : ils ont cru, un moment, à un plasticage en règle des locaux.

Un adolescent de quinze ans — le fils d'Hammoutène — jouait non loin dans les environs : il pense à son père et se précipite sur la route. Il croise, à un carrefour, les deux voitures, avec les hommes armés, qui, sans hâte, s'éloignent. Il parvient au « Château-Royal ». Parmi les premiers, il s'agenouille auprès des corps : sous Feraoun encore râlant, l'on découvre Ould Aoudia dont le front porte deux balles — les dernières qui l'ont achevé. Le jeune garçon reconnaît soudain la troisième victime, tout à côté. « Mon père ! » s'écrie-t-il avant de s'évanouir.

Mouloud Feraoun est le dernier à rendre l'âme. De l'autre côté, l'inspecteur Marchand est mort sur le coup. Il se présentait face au second fusil-mitrailleur qui a achevé ensuite les deux autres instituteurs français.

Lorsque enfin la police et les pompiers arrivent, selon le témoignage de la concierge s'exprimant dans son dialecte du Sud algérien, les phases de l'exécution sont reconstituées : en dehors des hommes agenouillés derrière les deux fusils-mitrailleurs, deux tueurs, de chaque côté, ont tiré avec leurs mitraillettes. En tout, six hommes armés ont abattu méthodiquement la file, dans la cour, composée de Marchand et ses collègues, et celle, en avant, près de l'entrée, de Feraoun avec ses deux amis.

« Méthodiquement » ? En effet, les tireurs ont tiré de sang-froid d'abord dans les jambes des victimes expiatoires ; quand celles-ci se sont effondrées, ils ont tiré dans les cuisses longuement, puis, seulement après, dans les poitrines.

La fusillade, si longue, s'arrêta d'un coup ; on a entendu ensuite quelques coups isolés : ce furent les coups de grâce sur le front de Ould Aoudia protégé un moment par le corps de Feraoun tombé sur lui.

En tout, cent neuf douilles de 9 mm seront ramassées par la police : l'enquête établit ensuite que dix-huit balles au moins, pour chaque corps, furent tirées.

Le fils de Salah Ould Aoudia, prévenu d'un « événement grave », court à l'hôpital indiqué : il est le seul admis à entrer jusqu'aux salles mortuaires, car il est externe des hôpitaux. Lui qui mettra ensuite trente ans pour mener à bien une recherche minutieuse destinée à identifier les assassins (inutilement, puisque ceux-ci bénéficieront de l'amnistie accordée par l'Etat français pour tous les faits de la guerre d'Algérie), Jean-Philippe Ould Aoudia, décrira l'instant où il s'est retrouvé à son tour face au corps paternel :

« L'un des employés me dit :

— Justement, on nous a apporté six corps sans identité et on ne sait pas où les mettre !

Mes yeux s'étant habitués à l'obscurité des lieux, je distingue à même le sol récemment lavé six corps alignés, serrés, vêtus de costumes sombres parmi lesquels je reconnais mon père, puis Feraoun.

106

Le préposé est déçu par cette identification limitée à deux corps seulement. Il me demande :

— Quel drapeau on leur met ?

Comme je ne comprends pas le sens de sa question, il m'explique qu'il faut mettre sur les cercueils soit le drapeau bleu-blanc-rouge de la France, soit le drapeau vert et blanc de l'Algérie pour mettre les corps soit du côté des Français, soit du côté des Arabes, pour éviter des disputes. »

Tandis que le jeune Ould Aoudia ne peut s'arracher au spectacle du visage paternel qui, deux plaies sur le front, garde encore son masque de souffrance, il entend derrière lui quelqu'un répondre enfin à l'interne qui se préoccupait des drapeaux :

— Docteur, remarque haut l'employé, les balles qui les ont tués, elles sont tricolores, non ?

A la fin du même jour, c'est au tour du fils de Mouloud Feraoun d'aller reconnaître son père. Il écrira ensuite à Emmanuel Roblès :

« Je l'ai vu à la morgue. Douze balles, aucune sur le visage. Il était beau, mon père, mais tout glacé, et il ne voulait regarder personne, il y en avait une cinquantaine, une centaine comme lui, sur des tables, sur des bancs, sur le sol, partout. On avait couché mon père au milieu, sur une table. »

4. En avril 1962, meurt le poète berbère Jean Amrouche. Né au début du siècle à Ighil-Ali (Grande Kabylie), il s'éteint à Paris, entre les bras de sa sœur.

Tous les siens, sa femme française, ses jeunes enfants font cercle autour de sa couche, mais c'est sa sœur qui le porte au moment ultime de son agonie — à peine perçoit-il le jour, entre ses cils trem-

blants, mais il entend, Taos le sait, il les entend :
alors Taos chante, de sa voix ample. Elle chante en
berbère.

La vieille mère de Jean, âgée de quatre-vingts
ans, s'affaiblit — elle vit en Bretagne. Elle n'a pas
été prévenue de l'état de son fils préféré.

Taos est là, présente pour la tribu là-bas où ni
Jean ni sa mère ne retourneront.

La vie au village, là-bas : tandis que Taos
déclame le chant de la joie, Jean regarde, entre ses
cils ; il voit s'approcher le tableau d'un permanent
printemps, celui de son enfance, de ses incessants
retours, de ses rêves haletants, les plus récents
— cette dernière année, il n'a eu de cesse de faire
le messager entre de Gaulle qu'il admire, devant
lequel il se présente en délégué des siens, et là-bas,
« les chefs », qu'il rencontre en Suisse ou, derniè-
rement, au Maroc : le paisible Ferhat Abbas, le
pharmacien, et l'autre, le guerrier — paysan, issu
des mêmes montagnes, et qui dévisage Jean le
Kabyle chrétien de son regard matois — Belkacem Krim le prestigieux.

Devant ces hommes de son sang, de sa première
langue, Jean devient le héraut de l'autre, du vieux
héros français (soudain, l'ancienne querelle
approche ses ailes fanées : son père qui résistait, à
Ighil-Ali, quand le grand-père disait, à propos de
Jean et de ses deux autres frères : « Il a cinq ans,
le môme ! Demain, je le fais circoncire ! » et le
père, d'ordinaire si docile, se raidissait, trouvait la
force de s'opposer : « Mes fils sont chrétiens,
comme moi ! » — Oui, une telle scène, à Ighil-Ali,
en 1910, ou peu avant ! Après cela, l'émigration en
Tunisie. La querelle familiale ne semble pas effa-
cée).

A présent Krim Belkacem scrute Jean, se tourne

vers Abbas, puis se décide à confirmer le message pour le chef français : deux fois, trois fois en quelques mois, Jean Amrouche, poète, éditeur et homme de lettres, devient le messager ! (Il s'était pris à rêver ; ses amis de même : demain, dans l'Algérie indépendante, il serait chargé de la Culture ; un Malraux algérien, en quelque sorte !)

16 avril 1962 : c'est le dernier jour de Jean el Mouhoub, poète, ayant puisé aux sources vives des chants berbères de sa vieille mère. « La voix blanche de ma mère », écrivait-il magnifiquement.

Fadhma Aït Mansour attend en Bretagne ; elle s'était mise auparavant à écrire, elle aussi : à soixante ans passés, en français. Elle dédia son histoire à Jean, car elle croyait partir avant lui.

Ce matin, c'est Taos, qui chante la tribu, tous les chantres de Ighil-Ali, toutes les épines de l'émigration, toutes les douleurs et les transes de la guerre qui va se terminer. Jean devenu le lien entre « eux » là-bas et de Gaulle ; Jean est le rameau d'olivier annonçant la première brise. Jean respire entre les bras de sa sœur.

Taos, la guerrière, se dresse ; elle donne de la voix. La chair de la langue, la carène des mots rudes, ineffaçables, raclant le temps comme une herse sous les chênes, les mots de la langue se déplient pour, dans l'acmé de leur vol, emporter le poète qui ne distingue plus les rayons du matin parisien. Qui entend, ultime seconde, les bruits, les voix et la rumeur du village kabyle sous la neige, où il est né il y a cinquante-cinq ans.

Pour lors, l'Algérie se présente, au premier jour de l'indépendance (j'y étais, je débarquai tôt par le premier avion, le sourire aux lèvres, les yeux avides, et j'ai marché, inlassable, ce jour anniversaire de mes vingt-six ans, jusqu'à la nuit, puis le lendemain), pour lors, l'Algérie se présente, dépouillée récemment de ces quatre écrivains — orpheline surtout, il est vrai, de près d'un million des siens (les résistants, les victimes, les anonymes en masse de « la corvée de bois » et des fosses communes : femmes, vieillards, enfants, les innocents partis quelquefois hébétés, toujours les yeux ouverts).

Quant à ces quatre hommes de plume, disparus les deux dernières années de la guerre — à peine chacun d'eux goûtait-il un peu de sa maturité ! Ils attendaient chacun à sa manière cette aurore — même Camus qui soupira en effet à Stockholm au sujet de sa mère, Camus, s'il avait été là en 62, se serait-il résigné à venir chercher sa mère, et à l'emmener au milieu de l'éxode des « petits Blancs » ? Sans doute ; il serait mort ensuite, bien plus tard.

Camus, vieil homme : cela paraît aussi peu imaginable que la métaphore Algérie, en adulte sage, apaisé, tourné enfin vers la vie, la vie ordinaire... Ainsi, l'Algérie en homme, en homme de paix, dans une dignité rétablie, est-ce pensable ?

Pourquoi pas, pourquoi toujours « ma mère », ma sœur, ma maîtresse, ma concubine, mon esclave Algérie ? Pourquoi au féminin ? Non.

Quatre écrivains n'ont vu, ces premiers jours de juillet 62, ni l'explosion de joie ni le délire qui se dansait allègre, insouciant enfin... Or juillet ne s'est pas terminé que, non loin d'Alger, l'armée dite « nationale » et « populaire » tirait sur des maquisards algériens. Moins d'un mois après le vote d'indépendance (prémonition de la foule algéroise, les premiers jours, et ce cri surgi de la Casbah, s'élevant jusqu'aux hauteurs d'El-Biar, avec sa protestation : « Sept ans, cela suffit ! »).

Le deuil, ici, requiert quarante jours pour s'évaporer. La fête, elle, s'épuisa en moins de trente jours.

« Sept ans, cela suffit » ?

Mais non : le sang reprend, coule à nouveau et noir, puisque entre combattants supposés fraternels ! Sur les ponts des derniers bateaux pleins des « pieds-noirs » qui s'arrachent, certains, s'ils gardent leur regard de chasseur, peuvent se retourner et apercevoir, là-haut, sur les pentes de l'Atlas, les prodromes des divisions à venir !

Cela s'était amorcé, avant 62 il est vrai : cette fracture qui sourd avant de craquer, Frantz Fanon, lui, l'avait-il déjà perçue en 61 quand, épuisé il se résigne à aller se soigner, étrange ironie, non loin de sa terre natale ? Déjà Fanon se doutait-il que le temps des chacals s'annoncerait tôt ou tard ?

Quant à Jean Amrouche, devant les premiers nuages, il n'aurait plus voulu quitter Paris pour Alger ou Ighil-Ali, et Camus, eh bien, Camus l'Algérien aurait terminé son roman *Le Premier Homme*, et d'autres mystères, pour lui, pour nous, se seraient obscurcis...

Ces quatre morts de la première espérance, je les imagine plume en main, guetter, au cours de cet été 62, le cortège profus des combattants morts : sur la route, ils défilent eux aussi, pour inaugurer ce commencement.

Le tribut en cadavres chauds de l'Algérie qui renaît, pantelante, tout en transes, scintillera-t-il dans ce soleil : les *chahids* ou les *chouhadas*, disait-on, c'est-à-dire littéralement « les martyrs au nom de Dieu » ? Pourquoi pas les *abtals*, héros de la guerre, les volontaires, qui ont offert d'emblée leur vie, leur ardeur, pourquoi déjà cette hyperbole et dans un consensus suspect ? Fanon nous a manqué, pour protester sémantiquement : lui, plus que tout autre, prêt à sortir le scalpel de sa lucidité !

Et Feraoun écrivait quelques mois avant de mourir :

« Bientôt, on le sent, ce sera la fin. Mais quelle fin ? La plus banale peut-être qui sera aussi pour chacun la plus logique. Peut-être aussi la plus inattendue qui apparaîtra après coup comme la seule possible, celle à laquelle chacun jurera d'avoir songé et qui n'étonnera personne, mécontentera tout le monde, permettra enfin à ceux qui seront encore là de se remettre à vivre, en commençant par oublier. »

Ces quatre annonciateurs — j'allais dire les abtals *de l'écriture algérienne, écriture inachevée —, je les tire à moi aujourd'hui, je les installe, eux mes confrères exemplaires, sur les bords de la fondrière : scrutons au fond de la fosse, questionnons ensemble d'autres absents, tant d'ombres dérangeantes !*

Ensemble, tant pis si c'est trente ans trop tard, au moins ramenons les asphyxiés, les suicidés et les assassinés dans les langes de leur histoire obscure, au creux de la tragédie.

Le spectre d'après l'indépendance...

1. Edouard Glissant me raconta récemment sa dernière rencontre avec son compatriote (et le mien), le Martiniquais-Algérien Frantz Fanon : entrevue à Rome, sans doute autour de 1960, peu avant la maladie de Fanon.

— Il me donna rendez-vous par téléphone à une adresse où je me rendis le soir même : c'était un bordel !

Les deux hommes bavardèrent dans le salon, admirèrent sans doute les dames du lieu, puis se séparèrent assez vite dehors : Glissant comprit que, même à Rome, Fanon tenait par-dessus tout à son anonymat, et ce, pour des raisons de sécurité. Avant de disparaître dans la nuit, le visage à l'affût, le regard inquisiteur, il vérifia promptement qu'il ne serait pas suivi.

Fanon mourut donc non loin de New York, le 6 décembre 1961. J'ai rapporté à Glissant comment se déroulèrent les obsèques : le colonel Boumediene, ses lieutenants les plus proches, et, parmi les officiers, tous ceux qui, depuis deux ou trois ans, avaient adopté Fanon comme maître à penser (alors que, ressuscité dix ans plus tard, Fanon leur aurait tourné le dos, à ces nouveaux maîtres, il serait retourné s'enfermer dans son hôpital de Blida), tous ces hommes donc, plus bonapartistes d'un Etat militaire en gestation que « révolutionnaires », comme ils aimaient se proclamer, eurent au moins, cette fois-là, le sens d'une mise en scène digne d'une Algérie laïque et progressiste.

Ils portèrent le corps du psychiatre en terre algérienne — deux ou trois kilomètres au-delà de la frontière tunisienne, avant que ne commencent, à l'horizon, les barbelés et le barrage électrifiés de la ligne Morice. La trompette sonna l'hymne national algérien ; la quarantaine d'officiers et de sous-officiers saluèrent le lever du drapeau, puis l'inhumation se fit en silence.

Parmi eux, une jeune femme, les yeux cachés par des lunettes noires — Josie, mon amie, elle qui me raconta la cérémonie plus tard —, se figea, le regard vers l'horizon — là-bas, si loin en arrière, se trouvait la petite ville au pied du Tell algérien où elle avait commencé, douze ans auparavant, sa vie conjugale.

Frantz dormait désormais là, à l'extrémité orientale de ce pays qu'il avait d'emblée adopté.

Cette année 1962 connaîtra, en son milieu, l'effervescence de l'indépendance ; déjà les divisions ouvertes entre les chefs réapparaissent sur la scène publique. Au sortir de ces sept ans d'enfantement, que pouvions-nous éclairer alors, sinon des fantômes que personne ne voulait évoquer ? A peine si nous chuchotions, quelques-uns d'entre nous, en cet automne 62, leur fin travestie.

2. Sous la poussée de ces quatre écrivains morts, à la veille de l'indépendance, me voici, en leur com-

pagnie, à revenir en arrière à deux années charnières de la guerre : 1956 et 1957.

En 56, après un an et demi de conflit, beaucoup espèrent soudain, et même entrevoient une issue possible : arrêt de la brutalité meurtrière des deux bords et ce, grâce à une trêve, un dialogue et des contacts officieux esquissant une solution pacifique possible : une indépendance par étapes où les diverses communautés pourraient vivre. Utopie ? C'est si facile de le juger ainsi, après coup.

La guerre en était au terme de son premier souffle : des solutions s'entrevoient pour la museler, mais ce sera assez vite trop tard. L'hydre mortelle reprendra possession de tout le terrain : quatre, cinq ou près de six années dégorgeront encore leurs morts et le vent de leurs violences.

L'année 1956 s'ouvre véritablement avec, en janvier, la conférence tumultueuse d'Albert Camus au Cercle du progrès.

Sur la place du Gouvernement tout près, des milliers d'ultras européens hurlent des slogans : « Mendès France au poteau ! » et « Camus au poteau ! » A l'intérieur de la salle (quelques vitres bientôt explosent sous les jets de pierres du dehors), Albert Camus, pâle et crispé mais déterminé, lit le texte d'une conférence appelant à la trêve. A la tribune, Ferhat Abbas, le leader nationaliste modéré (qui ne rejoindra le F.L.N. que quelques mois plus tard), écoute l'écrivain. Musulmans nationalistes et Français libéraux se mêlent et fraternisent : cette scène du passé semblera plus tard d'une autre époque. Pourtant, ce dialogue qui tente de se continuer aurait pu mener à une Algérie qui, comme ses voisins, approcherait de l'indépendance sans un prix trop sanglant. Tous les liens franco-algériens ne se déchiraient pas d'un coup :

une solution en somme « à la Mandela » de l'Afrique du Sud d'aujourd'hui aurait pu se concrétiser.

Or c'est la loi des armes (des centaines de milliers de soldats français, y compris les rappelés, d'un côté, et de l'autre quelques milliers de maquisards dans les djebels, quelques centaines de « terroristes » dans les cités) qui tranchera. Qui a tranché sur des monceaux de morts civils. Un Etat indépendant et souverain se constitue en 62, exsangue.

Dernières paroles publiques, donc, d'Albert Camus venu en personne au centre même de l'arène :

« Mon appel sera plus que pressant. Si j'avais le pouvoir de donner une voix à la solitude et à l'angoisse de chacun d'entre nous, c'est avec cette voix que je m'adresserais à vous. En ce qui me concerne, j'ai aimé avec passion cette terre où je suis né, j'y ai puisé tout ce que je suis et je n'ai jamais séparé de mon amitié aucun des hommes qui y vivent, de quelque race qu'ils soient. Bien que j'aie connu et partagé les misères qui ne lui manquent pas, elle est restée pour moi la terre du bonheur et de la création. Et je ne puis me résigner à la voir devenir la terre du malheur et de la haine. »

C'était le 22 janvier 1956 à Alger. Le 6 février, le nouveau président du Conseil français, le socialiste Guy Mollet, arrive à son tour à Alger. Il n'ose affronter le déchaînement des manifestants européens ultras et, en nommant Lacoste gouverneur général de la colonie, il lui donne comme directive : « Une priorité : gagner la guerre ! » Les recrues françaises sont deux cent mille ; Guy Mollet se propose de les porter à cinq cent mille.

Les opérations succèdent aux opérations, aux ratissages. Les *fellagha* résistent, attaquent parfois ; bénéficient de désertions des tirailleurs indigènes las de tuer leurs frères. En mai, l'anéantissement, aux gorges de Palestro, d'une unité entière de soldats réservistes a un grand retentissement. Les ultras demandent qu'on exécute les condamnés à mort.

19 juin 1956 : pour la première fois dans cette guerre, la guillotine entre en action. Zabana et Ferradj ont la tête coupée, au nom de la loi française. Ainsi, le statut de combattants de guerre ne sera pas réservé aux nationalistes.

Djamila Briki, qui fut, aux premiers jours de juillet 62, ma première amie de la Casbah, livre ses souvenirs — qui seront heureusement consignés avec ceux de plusieurs autres Algériennes par Djamila Minne-Amrane — sur les nouveaux rites funéraires qui s'instaurent aux portes de la prison Barberousse :

« Les familles des condamnés à mort allaient tous les matins à Barberousse, car, lorsqu'il y avait des exécutions, c'était affiché sur la porte. Nous allions tous les matins pour voir s'il y avait ces fiches blanches sur la porte ; des fois, il y en avait trois, quatre, chaque exécuté avait sa fiche personnelle. Nous n'étions jamais prévenues, il fallait aller lire les noms sur la porte. C'était la chose la plus horrible. Et l'eau !... Quand il y avait plein d'eau devant la porte, c'était parce qu'ils avaient nettoyé le sang à grande eau avec un tuyau. »

Peu après, un gardien sortait et appelait la famille du guillotiné de l'aube : il rendait les affaires personnelles du mort à sa femme ou à sa mère. Les femmes ne pleuraient pas ; leurs compagnes, venues aux nouvelles, les entouraient et allaient ensuite jusque chez elles pour la veillée religieuse.

Le corps de l'exécuté n'était jamais remis aux siens ; l'administration pénitentiaire se chargeait seule de l'inhumation au cimetière d'El-Alia. On ne donnait que le numéro de la tombe aux femmes qui s'y rendaient le lendemain.

Djamila Briki se souvient encore d'une scène devant Barberousse, un de ces matins d'exécutions (elle-même, ayant son époux Yahia condamné à mort, vivra cette attente et cette tension) :

« Je revois encore une vieille femme lorsqu'on lui a rendu le baluchon de son fils (donc un guillotiné de l'aube). Elle s'est assise par terre, devant la porte de la prison, et elle sortait le linge de son fils ; elle embrassait sa chemise, son peigne, sa glace, tout ce qui était à lui. Jamais il n'y a eu de pleurs, de cris ou de lamentations. Nous partions avec la famille de l'exécuté ! »

A chaque exécution capitale, dès le 20 juin 1956, le mot d'ordre de la résistance urbaine à Alger est de multiplier les attentats contre tout Européen — avec la recommandation, pour lors, d'épargner les femmes et les enfants. Les réseaux de Yacef Saadi agissent.

Les ultras, avec l'aide des services spéciaux de la police d'Alger, ripostent par le terrible attentat de la rue de Thèbes : dans la nuit du 9 au 10 août, dans la Casbah, quatre pâtés de maisons s'écroulent, en pleine nuit, sur une centaine de victimes. L'engrenage fatal est en action.

C'est dans ces circonstances, peu après, que se tient le congrès de la Soummam, en plein cœur de la Kabylie — une Kabylie pourtant quadrillée par l'armée française, du 20 août au 10 septembre 1956. Pendant vingt et un jours, les principaux chefs des maquis et de la résistance urbaine discuteront, confronteront leurs points de vue et définiront enfin une plate-forme pour la suite de leur combat.

Ce premier conclave où la lutte nationaliste, zigzaguant jusque-là entre actions concertées et manifestations empiriques et localisées, se cherche une stratégie, est en fait l'œuvre d'un homme nouveau (qui n'a pas fait partie, en 54, des neuf fondateurs historiques du F.L.N., puisqu'il était emprisonné depuis 50 : il ne sera libéré que début 55), Abane Ramdane. Il se tient dans l'ombre depuis un an au moins, contrôlant et coordonnant l'essentiel de l'action urbaine. Son ami Sadek Dehilès, qui commanda la wilaya IV, se souvient d'un de ses propos d'alors : « Tu peux tuer une division entière dans les djebels : ce qui compte c'est Alger ! »

C'est à Alger justement, en 56 et en 57, que Abane travaille efficacement au rassemblement des différentes composantes de la résistance — qui jusque-là se fragmentaient, ou s'opposaient, ou s'ignoraient : les ex-Centralistes de l'ancien P.P.A. (Parti du peuple algérien), les communistes qui acceptent de se fondre dans l'organisation, la sphère des Oulémas (rénovateurs nationalistes pour un Islam moderne, critiquant les marabouts ayant trop pactisé avec l'administration coloniale). Abane n'oublie pas non plus le mouvement syndicaliste : son énergie est débordante ; il s'entend bien avec Larbi Ben M'Hidi qui, en juin 56, a quitté la direction de la wilaya de l'Oranie pour, à Alger, aider au réveil de la capitale.

Au congrès de la Soummam, a été posée comme principe la primauté de l'intérieur sur la direction politique extérieure : Ben Bella a attendu en vain, au Caire, de pouvoir rentrer pour participer aux débats.

Quand, en octobre 56, avec Aït Ahmed, revenu d'une tournée en Amérique latine, ainsi qu'avec Boudiaf et Khider, Ben Bella prend l'avion du sultan Mohammed V pour aller retrouver à Tunis ses collègues et réagir aux conclusions de ce congrès, interviendra le fameux arraisonnement de l'avion par l'armée française : c'est là le premier détournement d'avion organisé ou, en tout cas, assumé par un Etat.

Ben Bella et ses amis, dans la prison parisienne où ils se retrouveront incarcérés jusqu'à la fin de la guerre, auront tout loisir de mesurer la perte de leur influence... D'ailleurs ces cinq leaders, confinés dans la même prison durant presque six années, ressortiront séparés en au moins trois clans antagonistes !

Qu'importe, le mouvement de l'histoire s'emballe : d'octobre 56 à avril 57, c'est bien Abane Ramdane le chef incontesté de la résistance algérienne — lui qui, à la Soummam, appuyé par Ben M'Hidi et, momentanément, par les chefs de maquis Zirout Youssef et Krim Belkacem, a critiqué les méthodes brutales et les violences interalgériennes que les lieutenants de Krim — surtout le redoutable Amirouche — pratiquent trop aisément. C'est Abane enfin qui va penser, décider la grève générale de huit jours pour janvier 57 : lorsque la question algérienne sera inscrite à la session de l'O.N.U., l'occasion se présente de manifester au monde que l'Algérie des villes, des bourgs, des villages, est unie dans la lutte pour l'indépendance.

A cette épreuve de force, à ce défi de la « bataille d'Alger », le gouvernement français répondra en faisant débarquer les paras de Massu, quelques mois à peine après l'opération de Suez à laquelle ils ont participé. Ils pratiqueront une action quotidienne de violences, de tortures, une mise en coupe réglée de la population algéroise.

Le bilan ? Des milliers de morts, de suppliciés, une ville à peu près enfin muselée : d'aucuns, parmi les rivaux d'Abane, reprocheront à celui-ci, mais plus tard, le coût élevé de cette stratégie.

Pourquoi cette embardée dans le champ meurtrier des années 56 et 57 ? Pourquoi, pour fuir les années 93 et 94 d'une Algérie qui sourdement se fracture ? Parce que, aujourd'hui à nouveau, l'on pourrait retenir son souffle, suspendre un moment le martèlement souterrain du pas de la mort qui fauche, qui fauche et se mettre à imaginer, inventer des solutions possibles ? Parce que personne ne se présente, à l'instar de l'émouvant Camus de janvier 56, il ne se trouve personne, aujourd'hui, pour, au centre même de l'arène, prononcer à nouveau ces mots de l'impuissance pas tout à fait impotente, ces mots de la souffrance qui, une dernière fois, espère... Espère avant l'irréversible poursuite de la Gorgone hideuse, de la guerre fratricide (peut-être que, de cette procession d'écrivains, c'est justement Camus le premier qui a senti la fissure étrange, au cœur même d'une guerre pourtant coloniale, de vivre celle-ci comme une guerre civile, comme un déchirement dans la poitrine !). Oui, qui redira, au terme de ces années déjà trop lourdes de cadavres, en ces années 93 et 94, qui fera écho à Camus :

« Si j'avais le pouvoir de donner une voix à la solitude et à l'angoisse de chacun d'entre nous, c'est avec cette voix que je m'adresserais à vous » ?

Mais ces « vous » auxquels on pourrait s'adresser, qui sont-ils donc, à présent ? Pour ma part, en

disant « vous », je m'adresserai aux morts seule-
ment, mes amis, mes confrères.

Peut-être, d'ailleurs, me vois-je plongée, enfoncée
dans un passé de presque quarante ans, parce que,
dans la ville d'Alger qui va aborder l'année 57, la
mécanique de la violence et du carnage s'exerce sen-
siblement selon le même schéma qu'aujourd'hui :
d'un côté comme de l'autre, des déclencheurs de la
mort — les uns au nom de la légalité, mais avec mer-
cenaires et stipendiaires, les autres, au nom de la
justice historique — ou anhistorique, transcendan-
tale et donc avec à la fois, des illuminés et des
« démons ». Entre ces deux bords, d'où claquent les
armes, d'où sortent les poignards, un champ est
ouvert à l'infini où tombent des innocents, beau-
coup trop d'humbles gens et un certain nombre
d'intellectuels.

3. L'année 57, cette « année terrible », fut marquée par deux morts de héros, deux morts antithé-
tiques, l'une phosphorescente, l'autre glauque.
L'une qui propose sa lumière et sa soif du sacrifice,
l'autre que tentent d'altérer des tonnes de mensonges. Quant aux deux hommes, Larbi Ben
M'Hidi et Abane Ramdane — l'un mourant en
mars 57, à Alger, entre les mains des parachutistes
de Massu, l'autre, les derniers jours de décembre
57, étranglé par des mains fratricides au Maroc —,
qui dira de quelle espérance, ou de quel désespoir,
se chargea leur dernier souffle ?

Le 23 février à l'aube, les paras débarquent dans
un appartement de la rue Claude-Debussy, en ville
européenne, et arrêtent Larbi Ben M'Hidi en
pyjama. Ils croyaient être sur la piste de Ben
Khedda, autre dirigeant du C.C.E. (Comité de

coordination et d'exécution). La prise est encore plus importante.

Contrairement à ses collègues de ce Comité qui venaient de quitter la capitale pour rejoindre les plus proches maquis et, de là, se réfugier à l'étranger, Ben M'Hidi — l'un des neuf chefs historiques, qui supervise, dans la capitale, les groupes armés —, Ben M'Hidi, lui, ne veut pas quitter la ville. Il a seulement cru bon de renoncer à ses caches habituelles, trop près de la Casbah si exposée aux contrôles jour et nuit.

Yacef Saadi racontera qu'à l'une des dernières rencontres avec ce leader, celui-ci avait murmuré, avec sa douceur si particulière qui séduisait tant :

— Je voudrais mourir en combattant !... Avant la fin.

La photographie de son arrestation, sur tous les journaux algérois du lendemain, le montre les mains enchaînées, et un sourire — non pas de bravade, plutôt de certitude intérieure — éclairant son visage aux traits fins d'homme de trente-quatre ans. « En combattant », avait-il prédit pour lui-même : il restera d'abord dix jours livré aux interrogatoires de Bigeard et ses hommes.

Vingt-huit ans plus tard, le 1ᵉʳ novembre 1984, au cours d'une interview accordée exceptionnellement au journal algérien Algérie-Actualité, Bigeard déclarera qu'il avait été « contraint, sur ordre de Paris, de livrer vivant aux services spéciaux Larbi Ben M'Hidi ».

En effet, pendant dix jours, Ben M'Hidi résista au harcèlement de l'interrogatoire, affirmant à Bigeard sa certitude d'une victoire finale algérienne. Le colonel français est impressionné par la dignité de l'homme : vaincu mais nullement brisé. Le dixième jour donc, le 4 mars 1957, Bigeard dut accepter que « pour des raisons administratives, Ben M'Hidi soit transféré dans une autre prison ». Les services de la Section spéciale de Massu prirent le relais. Que se passa-t-il exactement au cours de cette journée du 5 mars et de la nuit suivante ?

Le 6 mars, les services de presse de Lacoste annoncent que Ben M'Hidi « s'était suicidé en se pendant dans sa cellule avec des bandes d'étoffe déchirées de sa chemise ». Massu, plus tard, assurera que Ben M'Hidi, après une journée de tortures éprouvantes, « avait voulu se pendre avec un fil électrique cette nuit même, mais respirait encore en arrivant à l'hôpital Maillot »... Deux médecins de cet hôpital déclarèrent avoir reçu le prisonnier mort, mais sans traces visibles de blessures.

Autant de versions contradictoires qui rendent tout à fait suspecte la thèse du suicide. Bigeard, bouleversé devant le cadavre du supplicié, lui fera rendre, dit-on, les honneurs et, toujours au journal algérien plus tard, il affirmera : « Il faut le dire, ce sont les services spéciaux qui ont fait cela ! »

Ce ne fut pas une bavure. « Sur ordre de Paris », reconnaîtra plus tard Bigeard qui veut garder son honneur sauf.

La torture, dès lors, est institutionnalisée dans la machine militaire française. Pour cette année 57 seulement, la liste des victimes s'allonge : la disparition de Maurice Audin, un universitaire marxiste de la faculté d'Alger, le « suicide » d'Ali Boumendjel, jeune avocat algérien, défenestré pendant son interrogatoire, tant d'autres moins connus.

Dès la fin de mars 57, le général de Bollardière, compagnon de la Libération, proteste publiquement dans *L'Express*, et souligne « le terrible danger, dit-il, qu'il y aurait pour nous de perdre de vue, sous le fallacieux prétexte de nécessités urgentes, les valeurs morales qui, à elles seules jusqu'ici, avaient fait la grandeur de notre civilisation et de notre armée ». Le général est condamné à soixante jours de forteresse.

Puis le secrétaire général de la préfecture d'Alger, Paul Teitgen, héros de la Résistance, ancien déporté de Dachau où il fut plusieurs fois torturé, envoie au gouverneur Lacoste sa démission : il ne peut cautionner de telles pratiques et il refusera de faire torturer le communiste Yveton, arrêté au moment où il posait une bombe. Yveton, condamné à mort, sera ensuite exécuté à Barberousse.

C'est en 57 également qu'Henri Alleg sera « interrogé ». Son livre *La Question*, publié en 58, qui relate avec précision ses longues épreuves, en même temps que les écrits et témoignages de Servan-Schreiber, de Pierre-Henri Simon, de plusieurs autres, contribuera à mettre le problème de la torture au centre des débats publics français :

Par ailleurs, les mêmes mises en scène réencerclent le décor : au cours de la répression de la « bataille d'Alger », les familles virent, pour la première fois, auprès des agents de sécurité, survenant en pleine nuit, des personnages à la tête masquée d'un sac de corde troué au niveau des yeux, ou quelquefois la face enveloppée d'une cagoule de laine noire, et toujours, et chaque fois le doigt du délateur tendu : le torturé qui a flanché ou le suspect qui préfère d'emblée « donner » même son propre frère dissimulant de noir son visage, son identité !

Théâtre funèbre qui, dans un lancinant rappel, s'inscrit à nouveau au cours des nuits de la peur...

Abane Ramdane, au moment où l'annonce du pseudo-suicide de Ben M'Hidi laisse stupéfaits les nationalistes encore cachés (autour de Yacef Saadi

125

et des jeunes filles porteuses de bombes, soudain la violence, cette fois sans nul quartier pour les populations civiles, connaît une recrudescence), Abane, passé par les maquis de la région de Blida et de Chréa avec ses amis, choisit de rejoindre la frontière marocaine.

De là, il s'envole vers Tunis. Il y restera six à sept mois ; il retrouve Krim Belkacem (qui a laissé la direction de la Kabylie à Amirouche) et Ben Tobbal qui avait dirigé la résistance du nord des Aurès, après la mort au combat de Zirout Youssef. Avec Mahmoud Chérif et Ouamrane, avec Boussouf qui reste fixé le plus souvent dans son fief au Maroc, les colonels, maintenant en majorité, reviennent sur les décisions du congrès de la Soummam.

Abane conteste cette évolution ; il maintient son principe d'un primat du politique sur les militaires ; sa deuxième règle — privilégier l'intérieur par rapport à l'extérieur —, il ne peut plus lui-même l'appliquer, lui dehors. Mais son ardeur ne se relâche pas, ni son tranchant verbal ; son intransigeance l'isole même des modérés qui lui doivent, comme Ferhat Abbas, leur participation à cette illusoire collégialité. Comment doit-on maintenir la flamme à l'intérieur, comment éviter l'asphyxie de quelques milliers de guerriers en proie à une armée de maintenant six cent mille hommes et tandis que les barrages électrifiés se mettent en place ? Ce sont là les seules questions qui préoccupent Abane. Et il s'use à dénoncer sur tous les tons les ambitions politiciennes, les atermoiements. Bref, il veut renverser la stratégie de l'ombre.

Ce sera dans l'ombre qu'on le tuera, par une nuit d'hiver, près de Tétouan, à la fin de décembre 1957.

4. Oui, en cet instant, je le vois clairement, Abane Ramdane est un héros de tragédie car il va à la mort les yeux ouverts.

Il sait, il pressent que le piège se prépare. « Ils n'oseront pas ! » se dit-il, non point parce qu'il surestime sa propre influence, mais parce qu'il ne peut croire encore tout à fait que des guerriers, héroïques hier encore et durant des années, peuvent se muer en hommes de mafia. Pourtant c'est bien lui qui, dans une conversation avec Ferhat Abbas (« Va te reposer en Suisse », lui conseille celui-ci amicalement), déclare dans une étrange prémonition :

« L'Algérie n'est pas l'Orient où les potentats exercent un pouvoir sans partage. Nous sauverons nos libertés contre vents et marées, même si nous devons y laisser notre peau ! »

Abane Ramdane, le 25 décembre 1957, se fait conduire à l'aéroport de Tunis par son ami, Mouloud Gaïd, chez qui il loge depuis son arrivée en Tunisie.

En cours de route, les deux hommes discutent de la mission proposée à Abane : en compagnie de Krim Belkacem et de Mahmoud Chérif, se rendre au Maroc — via Rome et Madrid. Une fois arrivés là, avec Boussouf qui les attendra, tenter de régler directement avec le sultan Mohammed V un litige apparu entre l'armée chérifienne et les forces armées algériennes. On aurait besoin de pas moins de quatre dirigeants du Comité central pour résoudre ce différend.

Abane est tendu, méfiant : depuis l'été, il est isolé ; on l'exclut peu à peu des réunions même du C.C.E. On établit une surveillance de fait de ceux qu'il fréquente. On ne lui laisse que le journal, avec Fanon, Boumendjel, Malek et El Mili : qu'il reste

127

avec ses intellectuels pendant que Krim s'occupe seul de la défense, et Boussouf des renseignements. Et soudain on ferait appel à lui pour un problème maghrébin ?

Mouloud Gaïd finit par le convaincre, dans ces conditions, de rebrousser chemin : cela sent le complot. En outre, personne n'a entendu parler de ce problème avec les Marocains. Boumendjel s'est renseigné : même l'ambassadeur de Sa Majesté ne sait rien !

On fait demi-tour. Mais à peine rentré, Abane, de plus en plus tendu, ne cesse de répéter :

— Je ne veux pas être considéré comme un dégonflé. Je ne veux pas être détourné de mon devoir !

Il se calme, repart vers l'aéroport bien que, tout au long de ce second trajet, il avoue être tenaillé par un pressentiment. Il arrête Gaïd à l'entrée de l'aéroport. Avant d'aller rejoindre ceux qui l'attendent au salon d'honneur, il a le temps de murmurer à son ami :

— Je vais prendre un pistolet à Madrid chez Boukkadoum. Si le 27, le 28 ou le 29 décembre, tu ne reçois pas de moi un télégramme où je te dirai : « Je vais bien », alors tu devras aviser le docteur Lamine Debaghine !

Il va pour partir. Après une hésitation, il revient, tire de sa poche une photo qu'il tend à Gaïd : celle de sa femme Izza (épousée un an auparavant en pleine clandestinité à Alger) avec son fils, un bébé de quelques semaines alors. Il finit par dire :

— Ils doivent arriver sous peu à Tunis. Je te demande d'aller les chercher et de veiller sur eux !

Les trois voyageurs — Krim, Mahmoud Chérif et Abane — arrivent à l'aéroport de Tétouan le 27 décembre, presque à la tombée de la nuit.

Un observateur algérien, se trouvant par hasard à cet aéroport, verra pour la dernière fois Abane qu'il reconnaîtra. Boussouf d'ailleurs est là, avec quelques-uns de ses hommes ; une voiture les emmène aussitôt vers Tanger. Assez vite, le conducteur bifurque sur une route secondaire qui mène à une ferme isolée. Il fait nuit.

Juste avant de démarrer, Boussouf a eu le temps de dire en aparté à Krim :

— Il n'y a pas de prison assez sûre pour garder Abane. J'ai décidé sa liquidation physique !

Silence lourd dans la voiture. Abane a-t-il seulement une arme sur lui, lui dont on dit qu'il n'était jamais armé en plein cœur du danger, lui qui pourtant, de Madrid, a alerté son ami Gaïd, selon le code convenu, de plusieurs « choses bizarres » qu'il aurait remarquées ?

Les dernières pensées d'Abane dans cette voiture ? Il sent bien que ce voyage de trois jours va aboutir là : à une terrible confrontation — lui seul contre eux trois et il refuse, jusqu'au bout, de se croire emmené vers un traquenard.

A peine entrés ensemble dans la demeure, six ou sept sbires qui attendaient, bêtes à l'affût, se jettent sur Abane, l'immobilisent. L'un d'entre eux le frappe sur la pomme d'Adam, puis ils le traînent, déjà victime à immoler, dans la pièce voisine. Boussouf, surexcité, les suit et s'enferme avec eux.

Les deux autres, semble-t-il, font mine d'avancer pour protester. Il ne s'agissait — dira l'un, qui reconnaît de cette manière la préméditation du complot — que d'intimider Abane, puis de l'emprisonner un certain temps. Ils étaient d'accord sur cela, et Ben Tobbal, resté à Tunis, avait lui aussi décidé de cette « sanction ». Pas d'un meurtre !

Pendant ce temps, de l'autre côté de la porte,

Abane se débat. Les colonels entendent jusqu'au bout son râle... qui finit.

Sur quoi, Boussouf sort, la face convulsée. Et Krim de commenter :

— Il avait à ce moment-là la tête d'un monstre !

Les protestations fusent-elles à nouveau, même si elles sont dorénavant inutiles ? Krim, toujours selon sa version, prétend que soudain Boussouf se met à les menacer, eux : en effet, la meute est là encore, prête à être lâchée !

Mahmoud Chérif racontera que, dès le début de la violence, bien que non armé, il a avec ostentation mis la main à la poche de son veston, pour donner l'impression qu'il serait prêt à se défendre !

Boussouf peu à peu se calme et ils finissent... par aller dîner dans un restaurant de Tétouan !

Une autre version, qui n'est point celle de Krim, parle d'une soirée au restaurant entre les trois complices : au cours du repas quelqu'un serait venu avertir Boussouf que la tâche était accomplie.

Dans cette variante, Mahmoud Chérif garde toujours la main dans la poche de son veston...

Manifestement, cette version, plus plate, moins dramatique, a l'inconvénient, pour Krim, de prouver que le complot, ourdi à Tunis par les colonels, comportait bien la possibilité du meurtre. Celui-ci ne serait pas une initiative, au dernier moment, du seul Boussouf !

Ferhat Abbas, qui réside encore à Montreux, en Suisse, est informé du meurtre courant janvier par Mehri et Mahmoud Chérif.

Il se rend à Tunis début février. Au cours d'une réunion houleuse, Krim déclare solennellement :

— J'assume tout ! Je prends la responsabilité de la mort d'Abane. En mon âme et conscience, il était un danger pour notre mouvement : je ne regrette rien !

Puis Boussouf, à son tour, a le même discours : il considère que, par cette liquidation, il est sûr d'avoir sauvé la Révolution !

Ferhat Abbas le pacifique est bouleversé :

— Qui vous a fait juges ? s'exclame-t-il en quittant la salle avec le docteur Lamine Debaghine. Je donne ma démission !

Il ne démissionnera pas. Huit mois plus tard, il se retrouvera président du premier G.P.R.A., le Gouvernement provisoire de la République algérienne. Cette nouvelle structure, même formelle, de la résistance algérienne a le mérite, entre autres, de juguler quelque peu le caractère essentiellement militaire qu'a pris le nouveau pouvoir. Les 3 B (Boussouf, Belkacem Krim, Ben Tobbal) forment le triumvirat qui, de fait, tiendra les commandes jusqu'en 62 et c'est un pacte de sang — autour du cadavre d'Abane — qui tout à la fois les unit et les divise.

Alors que Krim s'oubliera à dire, plusieurs fois, en berbère, à propos du meurtre d'Abane : « *Ghasigh Itoudhaniw !* » c'est-à-dire : « Je me suis mordu les doigts ! », Ben Tobbal, dit le Chinois, resté certes à Tunis, mais prévoyant de loin tout le scénario fatal, conclura, lui, le seul survivant de ce trio redoutable :

« A présent que Abane a été liquidé, son sang nous barrera à jamais la route du pouvoir ; ce seront d'autres qui s'en saisiront ! »

Il prédira l'issue finale, en juillet 62.

Quant à Ferhat Abbas, le doyen des leaders nationalistes, lui qui pourrait être, de par l'âge, l'expérience et la formation, à la fois le père et le modérateur de tous ces comploteurs, il dressera devant eux ce constat :

— Quoi que vous disiez, quoi que vous fassiez — et Abbas se tourne plus particulièrement vers Krim, le seul des neuf chefs historiques à la fois vivant et libre —, il y aura toujours cette ombre sanglante entre nous !

Ombre sanglante que celle d'Abane l'immolé ? Plutôt ombre géante, premier spectre de notre indépendance.

En attendant, les mensonges se tressent, se tissent et s'impriment.

Le 29 mai 1958, *El Moudjahid* de Tunis annonçait, dans un encadré noir : « Abane Ramdane est mort au champ d'honneur » !

Il est raconté que, depuis décembre 57, le frère Abane s'était chargé d'une mission importante à l'intérieur du pays. Il avait réussi à franchir les barrages ennemis. « Sa mission se déroulait lentement et sûrement. » Il est fait mention ensuite d'un violent accrochage, entre les troupes algériennes et celles de l'ennemi. Au cours du combat, Abane fut blessé. « Pendant des semaines, nous sommes restés sans nouvelles... Hélas, une grave hémorragie devait lui être fatale. » Suivait la biographie de « l'un des enfants les plus valeureux de l'Algérie », etc.

L'annonce nécrologique, dans ces termes convenus, devenait une nouvelle tentative pour étrangler cette fois le fantôme même de l'assassiné.

5. Dans les Mémoires récents d'un combattant d'hier, de la première heure, resté le même (il en subsiste quelques-uns, mais le plus souvent ils se murent dans un silence amer), est rapportée une scène de village, à la signification âpre.

Cérémonie des morts, comme il y en eut tant,

durant ces trente-trois années. Abane Ramdane fut, quelques années après l'indépendance, réinhumé dans son village de Kabylie, Azouza.

On plaça un micro au milieu du petit cimetière ; la population du village et des environs, nombreuse, fut conviée. Beaucoup d'anciens maquisards, en particulier des wilayas III et IV, s'étaient déplacés. Ils furent invités à prendre la parole tour à tour, ainsi d'ailleurs que quelques hauts personnages venus de la capitale, qui évoquèrent en termes dithyrambiques Abane, eux dont on ne savait pas s'ils avaient vraiment connu le héros.

Au fur et à mesure des discours, le public se taisait, se tassait : comme si toute l'éloquence déversée avait pour effet réel d'enfoncer davantage dans la terre, avec le cadavre, la seule question qui se lisait dans les yeux l'assistance : « Comment est mort vraiment notre Abane Ramdane et surtout pourquoi l'avez-vous tué ? »

Cela se passait au milieu des années soixante ; il est certain que Boussouf ne se trouvait pas là (dès 62 il s'éclipsa de la scène politique et de ses divisions ; il se plongea dans le gris des affaires). Sans doute, Ben Tobbal devait être présent, mais il garda silence. Et ce fut Krim Belkacem — un homme, après tout, de la région —, lui qui conservait, malgré sa corpulence, sa stature de vieux lion, ce fut lui qui se leva à son tour, marcha calmement jusqu'au micro et, sans remords ni malaise, entama l'éloge, en termes convenus, d'Abane Ramdane.

Alors, du demi-cercle formé par l'assistance paysanne, jusque-là apparemment docile, attentive et docile, sortit un jeune homme. D'une voix ferme, de colère contenue, il interrompit le discours de Krim. Il explosa seulement vers la fin :

— Arrête ! Arrête de pérorer sur mon frère ! Vous l'avez tué vous-mêmes et, à présent, vous osez pleurer sur sa tombe ! C'est le comble ! *(L'indigna-tion, déroulée sur ce ton tranchant, ainsi que la colère finale, toutes deux se déclamèrent-elles en mots berbères ?)*

Remous et brouhaha. Quelques-uns, par conve-nance, dirent-ils, s'interposèrent ; voulurent cal-mer le bouillant frère du héros.

— Laissons donc la cérémonie se dérouler en paix ! s'exclama l'un.

— En paix et dans la clémence de Dieu ! renché-rit un autre, cette fois en termes coraniques.

Krim Belkacem, dressé au milieu des tombes, n'avait pas bougé. Ne s'était pas retourné. Le silence revenu, il reprit, et cette fois sur un ton raf-fermi :

— Je comprends la douleur du parent d'Abane, déclara-t-il à tous. Le dossier de cette affaire est entre les mains du gouvernement. Je demande qu'il soit rouvert... (il y eut un arrêt, puis lentement il ajouta :) Je ne suis pas le seul dans cette affaire !

Le témoin qui relate la scène, Ali Zaamoum, écrit alors : « Pour moi, c'était déjà un aveu. Je retins qu'il avait dit : "Je n'étais pas le seul" ! J'ai regardé le Djurdjura en face, immense et mysté-rieux, ces villages foulés par Lalla Fatma N'Sum-mer, ces paysages où se sont imprimées de riches histoires et je me suis dit que quelque chose était pourri dans notre révolution ! »

La cérémonie, au cimetière d'Azouza, continua, immuable.

Quelques années plus tard, Krim Belkacem — qui était entré dans une opposition ouverte au pouvoir de Boumediene — fut retrouvé, un matin, sans vie, dans une chambre d'hôtel, en Allemagne. Etranglé à son tour.

134

Boumediene mourra fin 78. En 1984, on édifia en grande pompe un Carré des martyrs au cimetière d'El-Alia, à Alger.

A cette occasion, le corps d'Abane Ramdane eut droit à sa troisième tombe. Une troisième fois, on célébra le mort « tombé au champ d'honneur » ; il y eut probablement d'autres discours, aussi pompeux. Cette fois (« le comble », dirait le frère d'Abane), on l'enterra tout près... de Krim Belkacem, son meurtrier, et ce dernier reposa non loin de l'imposant tombeau de Boumediene, celui-ci en somme le meurtrier du meurtrier...

Trois héros, parmi quelques autres ; devant chacun et devant tous à la fois, les gouvernants qui se succèdent à Alger viennent s'incliner chaque 1er novembre et renouvellent « le Serment de novembre ».

De nouveau Ali Zaamoum conclut amèrement : « Ils ont enterré ensemble les assassins et leurs victimes. Ils les ont tous décorés et déclarés officiellement "héros de la Révolution". Bien entendu, ils se sont accordé des titres, des grades et des médailles sans vergogne » et Ali qui, à vingt ans, fut un des premiers du 1er novembre, de s'exclamer aujourd'hui : « Si l'idéal de novembre a pu être usurpé aussi effrontément, qu'en est-il du reste ? »

Comment s'étonner que la révolte, que la colère, même déviée, même dévoyée, des « fous de Dieu » d'aujourd'hui se soit attaquée dès le début aux cimetières, aux tombes des *chahids*, les sacrifiés d'hier ?

Que dire surtout de ceux qui continuèrent à officier dans la confusion de ce théâtre politique si creux : dans leurs discours, ils convoqueront à tout propos les morts — à force de répéter « un million de morts », ils ne prêtent attention qu'au quantitatif, eux, les survivants, les bien-portants, s'installant année après année, prenant du ventre, de la suffisance, de l'espace, augmentant leurs comptes en banque, versant pour certains dans une religiosité bien-pensante, ostentatoire et confortable, et pour d'autres dans une déliquescence morale qui ne deviendra forcément que plus hypocrite... Ainsi s'amplifia la caricature d'un passé où indistinctement se mêlaient héros sublimés et meurtriers fratricides.

Comment dès lors chasser de tels miasmes, comment — en quelle langue, selon quelle forme esthétique de la dénonciation et de la colère — rendre compte de telles métamorphoses ? La seule question qui aurait dû s'installer au cœur d'une culture algérienne vivante resta trou béant, œil mort — avec toutefois deux exceptions au théâtre : en français, les presciences ironiques de Kateb Yacine dans la farce, et, en un arabe dialectal de verdeur et d'humour, l'œuvre dramatique, si neuve encore, de Abdelkader Alloula.

Or tous les deux, à présent, sont morts. Et nous manquent.

Qui, parmi nous, trente-cinq ans durant, a pensé écrire « un tombeau d'Abane Ramdane » : en berbère, en arabe ou en français ? A peine, de temps à autre, intervenait un constat de politologue, d'historien, de polémiste... Presque jamais le symbole d'une telle amnésie ne fut éclairé.

Ainsi, le spectre d'Abane s'en va seul sur le chemin ; or, dans la campagne désolée, il lui arrive de rencontrer, je le sais, des écrivains de cette terre, morts allégés, leur plume parfois venant à peine d'être déposée.

Procession 2

1. Jean Sénac qui meurt en 1973, au cœur de la Casbah d'Alger, n'a pas su, a cherché toute sa vie mais n'a pas su qui était son père. Mais qui, dans l'Algérie nouée de ce dernier siècle, a connu vraiment un père ? L'a nommé ? L'a aimé ?

Jean Sénac est mort, dans cette nuit noire du 30 août 1973, au 2, rue Elisée-Reclus ; il fut assassiné probablement par un amant de rencontre, un voyou croisé par hasard ou peut-être par un indic de la police.

Son émission hebdomadaire de poésie, à la radio algérienne francophone, avait été supprimée un an auparavant, pour des raisons obscures.

Certains biographes, constatant que le premier poète tué en Algérie — dans l'Algérie d'entre deux guerres, celle donc de la paix — était tout de même un « pied-noir » de Beni-Saf, ont laissé entendre que déjà, à peine un peu plus de dix ans après l'indépendance, le pays reniait sa tradition d'ouverture et de pluralité, hier encore si hautement proclamée.

Peut-être aussi que Jean Sénac, qui signait ses poèmes, ses missives, par un soleil à cinq rayons, vivait ses amours — de la terre natale, de la vie, des garçons — dans un éblouissement qui fit ombre

137

soudain violente à une société où l'homosexualité, si prégnante pourtant, évite de se dire haut.

Jean aimait parfois se nommer Yahia el-Ouah-rani : Jean l'Oranais, est mort de sa vérité dite, écrite, parfois criée.

Et le poète Salah Guemriche de s'exclamer :

> *Ecoutez-moi, gens des rues, écoutez-moi*
> *en vérité, je vous le dis,*
> *Yahia n'est pas mort assassiné*
> *Yahia est mort*
> *achevé !*

Tous les poètes présents à Alger offrirent alors chaleureusement une couronne funéraire à l'ami : Djamal Amrani, Laghouati, Djaout, Sebti, tant d'autres, le regard pur et le don dans le cœur. Parmi eux, deux seront, plus tard, foudroyés à leur tour : en plein jour, par une matinée de soleil pour Tahar Djaout, et au cours d'une longue nuit de souffrances, à l'autre bout d'Alger, pour Youssef Sebti.

Jean Sénac sera ainsi en tête, hélas, d'une chaîne de poètes au chant étranglé.

Trois mois avant sa mort, il écrivait :

> *J'ai trop aimé. L'espace*
> *Réduit l'être ce soir*
> *à une brisure de roseau !*

2. Jour de printemps, en 1978 : je réside, cette fois à nouveau, à Alger.

Un ami va rendre visite au romancier Malek Haddad qui vient d'être hospitalisé et qui semble condamné par les médecins ; il vit probablement ses derniers jours ; l'attaque de son cancer se révélait foudroyante.

Dans un élan, je propose d'accompagner l'ami. Je me retrouve peu après devant Malek Haddad alité, à deviser cordialement. Par la fenêtre ouverte, un soleil vif inonde la chambre d'hôpital.

Quelquefois les écrivains meurent avant de mourir. Quelquefois, oui, ils se meurent : cela les prend parfois (dans n'importe quel pays avec éditeurs, lecteurs, critiques, et prix littéraires), cela les prend comme une maladie.

Se détourner et se taire. Ne plus regarder les vitrines des libraires et se taire. Se détourner d'une table avec encrier et machine à écrire, éviter un ami venant à votre rencontre sur le trottoir (il dira, c'est sûr : « Alors, ton prochain livre ?), marcher seul dans la forêt, ou en ville aller de bar en bar, se précipiter dans les bras d'une première amante, d'une seconde, laisser en soi la parole retrouver seule un rythme, une cavalcade, un murmure, écouter cette voix, l'étrange voix pour soi seul, d'où monte-t-elle, de qui vraiment est-elle ?

Ne pas écrire, laisser le vide s'étaler, le soupeser, en être tranquillisé. Se laisser vivre. Se laisser bercer par l'antienne du temps, les propos de chaque jour, se noyer dans les bavardages — les enfants pleurent la nuit, dehors la foule remue, les fous dans les squares soliloquent, les mendiants quêtent le silence...

Ne plus écrire. Se taire ? Parler pour se taire.

A Alger comme partout, pourquoi des écrivains meurent-ils avant de mourir ? A la trentaine ou à la cinquantaine. Dans l'Algérie des années soixante-dix, je me souviens, le pétrole nationalisé rassure tout le monde, les petites gens, les fonctionnaires, les anciens héros, les militants rangés et montés en grade : le pays entier est gelé, sauf les femmes qui font beaucoup d'enfants, qui en font davantage.

Les écrivains s'éteignent, telles des lampes : assez souvent au milieu des honneurs.

J'ai décrit cette anémie, et que Malek Haddad, en son paradis, me pardonne ! C'est la mort simplement de l'homme privé que je voudrais ici rappeler — homme de belle prestance, avec une élégance des manières, un esprit tranquillisé grâce, me dit-on, enfin, à une épouse sage, à un dernier fils et à la pratique soudain quotidienne de la prière islamique, Malek se sentait arrivé à bon port, si l'on peut dire.

Lorsque certains de mes amis marxistes ironisaient sur l'inefficacité de sa fonction (directeur de la Culture), je plaidais devant eux la bienveillance de l'homme. Je n'avais qu'un argument auquel alors je croyais :

— Dans ce pays, disais-je, citez-moi un seul personnage qui, chargé d'un pouvoir d'institution, ne l'utilise pas aussitôt contre un autre, pour nuire à quelque adversaire, pour Dieu sait quelle rivalité !... Malek Haddad, non. Ce pouvoir culturel, sans doute est-il peu de chose ! Mais lui, il n'embête personne !

Je savais qu'il aimait les musiciens du genre *chaabi*, au répertoire arabo-andalou des classes populaires avec une poésie à la fois ironique et lascive. Il devait y retrouver des racines perdues.

Sur quoi l'on m'apprit le verdict des médecins.

— En fait, m'expliqua l'une de ses amies, il a eu une alerte, il y a deux ou trois ans. Il s'est fait opérer : c'était un cancer du poumon. On a ouvert. On a refermé. On lui a dit qu'il pouvait rentrer chez lui. Il s'est cru guéri... Ce furent deux années de rémission. Depuis trois mois, il souffre. Désormais, sa femme sait que l'issue approche, ainsi que ses amis et les siens. Lui est tranquillisé : le professeur du service où il est hospitalisé est l'un de ses meilleurs amis ! Malek ne pose aucune question. C'est comme si, avec une âme enfantine, il avait déposé son sort dans les mains de ceux qui l'aimaient ! Or il est un homme aimable ! soupira, pour finir, son amie.

— Un honnête homme, en effet ! dis-je, rêveuse.

Déjà, à ce moment, nous en avions si peu !

Malek Haddad a écrit deux recueils de poèmes, quatre romans, un essai : le tout de cette œuvre entre 1956 et 1961. Sur cinq ans.

Ayant quitté Paris en 1958, il sillonna le monde : Union des écrivains asiatiques, Congrès panafricain. Partout, il parlait au nom des écrivains algériens, de la révolution algérienne : il le fit, je pense, avec flamme et bonne foi.

Comme, à l'époque, il avait encore ses habitudes de quelques bordées et joyeuses beuveries, il envoya un jour un télégramme de Karachi, d'Indonésie ou de Chine, je ne sais plus, à son éditeur parisien, qui se trouvait être le mien. Un très long télégramme d'envolées nationalistes et tiers-mondistes, avec, à la fin, une diatribe contre l'impérialisme français ! Pourquoi donc à René Julliard ? Sans nul doute, au cœur d'une soirée lyrique, ce dut être tout bonnement la seule adresse parisienne qu'il se rappela... Le télégramme polémique atterrit rue de l'Université, sur le bureau de René Julliard (lui qui mourra, quatre ans plus tard, le jour même de l'indépendance algérienne).

Peu après, je revenais de Tunis pour passer mes examens en Sorbonne et je passai dire bonjour à Julliard qui me montra, l'air peiné, ce télégramme.

— Pourquoi à moi ? s'inquiétait-il.

Je souris ; je ne sus quoi dire. De l'autre bout du

monde, Malek Haddad, comme un collégien, jouait un rôle, prenait plaisir à le jouer.

Près de vingt ans après, en ce mois de mai 78, tandis que je m'asseyais face au malade, ce ne furent pas ces ambiguïtés franco-algériennes qui alimentèrent notre conversation à trois, mais plutôt la complexité du rapport homme/femme particulière à l'Algérie. Et, à ma surprise, sur l'initiative même de Malek Haddad... Maintenant, je me dis qu'il pressentait sa fin proche et qu'il tenta, à sa manière, de me dire au revoir. Il voulut me manifester, sans doute, au moins une fois, son amitié... ou sa sympathie, je suppose, ou plutôt un vague mal-être pas seulement à mon égard, à l'égard d'autres femmes de cette terre qu'il n'avait osé approcher !

— Que penses-tu, Djaffer, commença Malek Haddad s'adressant à notre ami, mais son regard posé sur moi, que penses-tu de cette scène : en pleine guerre d'Algérie, à Paris, dans une même salle, sont assis deux écrivains algériens. Chacun d'eux signe le service de presse de son roman. Cela dure trois heures, quatre... eh bien, c'est à peine croyable, ils n'échangent pas un seul mot !

L'ami, surpris, m'interrogeait du regard. J'avais oublié totalement cette scène : c'était vrai, j'avais vingt et un ans, je signais les exemplaires de mon deuxième roman. On m'avait fait pénétrer dans une longue salle triste. Au fond, était installé un romancier — la trentaine — qui dédicaçait son premier roman, *La Dernière Impression*.

L'attachée de presse qui m'accompagnait me dit, tout bas, le nom de l'auteur et le titre de son livre. Elle le salua de loin et sortit.

Moi, tout en m'installant à l'autre bout, je me plongeai dans ma tâche. Je sus, bien sûr, qu'il devait être de chez moi, ou au moins du Maghreb. Je n'eus pour lui qu'un seul regard. J'ai dû garder le nez sur mes livres, trois heures de suite. Quoi de plus normal pour moi alors : je ne parle à quelqu'un (quand c'est un homme) que si l'on me présente, ou s'il vient lui-même se présenter, fût-il un roi ou un gueux !

Tandis que Malek, dans son lit, évoquait le face-à-face, prenait un peu plus un ton de reproche, la scène que j'avais oubliée se reconstituait. Je réagis avec une légère ironie :

— Bien sûr, expliquai-je à l'ami témoin, il s'agit de Malek et de moi, aux éditions Julliard, il y a vingt ans de cela exactement ! (Je souris à Malek.) Dis-moi, Malek, durant ces heures-là, pourquoi n'es-tu pas venu, toi, vers moi ? C'était à toi de te présenter : tu étais le plus âgé et, après tout, tu es un homme !

Il ne répondit pas. Rêva un moment... L'avais-je alors à ce point vexé et sans y penser ?

Malek gardait comme une mélancolie tandis que l'ami, cette fois, riait de bon cœur. Moi je me rendais compte combien ce premier silence, entre nous, ce jour de 1958 à Paris, était étrangement irréel : il n'y avait pas eu seulement ma raideur (ou plutôt cette distance extérieure assumée tout naturellement), mais aussi cette paralysie du jeune Malek Haddad : il n'avait pas osé venir à moi main tendue, en se présentant, son livre offert pour recevoir alors le mien en échange... Pourquoi cette ankylose de nos respectifs comportements ?

Toujours est-il qu'il réveillait soudain cette non-rencontre, alors que, depuis quelque temps, il m'arrivait de le rencontrer dans les rues d'Alger, ou chez des amis ; nos relations semblaient désormais cordiales, d'une courtoisie ordinaire.

Comment se passa la suite de la visite ? Je me

souviens de l'éclat du soleil, du ton confiant, soudain presque gai, qu'avait le romancier malade. Djaffar et moi, nous nous étions approchés de son lit. Une infirmière étant arrivée, je nous vois rire à quatre. Debout, près de la fenêtre, je me disais qu'il me fallait partir, mais je m'attardais : une chaleur amicale circulait entre nous.

Je me suis penchée vers le malade, le cœur étreint (« Le reverrai-je encore ? » me dis-je). Je lui souris bravement. Je l'ai embrassé sur les joues. Je lui dis, pour finir, avec gaieté, pour voiler mon émotion :

— Est-ce que tu as remarqué, Malek, depuis que je suis rentrée, je te tutoie... Pour la première fois... C'est que j'ai tout à fait oublié que tu étais directeur de la Culture !

Nous avons ri tous les trois. J'ai tourné le dos d'un coup. Je suis sortie la première.

Dans le couloir, je me suis hâtée. Dehors, à la porte du bâtiment, face à la cour et à ses marronniers, je me suis adossée au mur. Mon cœur battait.

La vérité m'oblige à dire que c'était le soleil — si vif, si étourdissant — qui m'assaillit avec une sorte de violence. La vérité était que, d'une façon tellement égoïste, mon cœur battait de comprendre avec acuité que moi, debout en cet instant et pas couchée, prête à déambuler ce jour-là dans la ville et pas rivée à un lit d'hôpital, j'allais donc vivre : le soleil était pour moi et je le goûterais au moins ce jour, pleinement. J'étais vivante, je n'allais pas mourir, en tout cas pas ce jour, ni peut-être demain, ni après-demain !...

Je respirai, yeux fermés, pour atténuer cet éblouissement et, tout au fond de moi, perla une compassion attristée à l'égard de cet homme : ainsi il allait partir, ainsi c'était du royaume des ombres que la barque de Charon s'apprêtait incessamment à venir le chercher !

Djaffar qui m'avait rejointe me fixa en silence. Il me prit le bras, tout le long, pour me faire sortir de cet hôpital.

— Tu as bien fait de venir, Assia. Il en a été vraiment ému !

— C'est seulement maintenant, dis-je, que j'ai eu l'impression de dialoguer avec lui !... Quel étrange pays, ajoutai-je dans la voiture, quelle terre amère : une dizaine, peut-être une vingtaine d'écrivains vivent dans cette ville, et chacun est perdu dans sa solitude !

Malek Haddad mourut le 2 juin 1978, à cinquante ans. Son père était un instituteur de langue française, à Constantine. Au lendemain de son mariage, il avait poussé sa femme (la mère de Malek) à enlever le voile traditionnel.

Peu avant la guerre d'Algérie, Malek se trouvait, étudiant, à Aix-en-Provence. Il y rencontra Kateb Yacine, le peintre Issiakhem, d'autres jeunes compatriotes politisés.

Il se voulut poète, dans un premier temps, sous l'influence de Louis Aragon qui salua son premier recueil poétique : *Le Malheur en danger*. Quelqu'un me raconta que l'exil volontaire et momentané qu'il avait choisi dans le désert libyen avait déterminé davantage encore sa vocation.

Qu'est-ce que je cherche donc, tandis que je fais dérouler cette procession mortuaire ? (Me saisit une angoisse, peut-être que le désir violent va me happer, de passer là-bas, moi à mon tour de l'autre côté, les rejoindre, allégée moi aussi et joyeuse, évanescente comme eux !) Peut-être qu'ils vont m'attirer puisqu'il m'arrive de penser sourdement qu'il ne reste rien autour de moi, autour de nous sinon une haine aveugle, dont nous ne sommes ni les cibles ni évidemment la source, nous nous trouvons là par mégarde.

Rien, autour de nous : vous avez dit l'Algérie ? Celle de la souffrance d'hier, celle de la nuit coloniale, celle des matins de fièvre et de transe ? Vous avez dit cette terre, ce pays : non, un rêve de sable, non, une caravane populeuse mais évanouie, non, un Sahara tout entier noyé de pétrole et de boue, un Sahara trahi...

Une Algérie de sang, de ruisseaux de sang, de corps décapités et mutilés, de regards d'enfants stupéfaits... Le désir me prend, au milieu de cette galerie funèbre, de déposer ma plume ou mon pinceau et de les rejoindre, eux : de tremper ma face dans leur sang (celui des assassinés), de me disloquer avec eux, ceux que la voiture, sur la route, faucha, et quant à ceux qui moururent dans leur lit, dans le cercle des adieux familiaux, pour ceux-là, je voudrais ne pas faire comme Taos la prêtresse, officier et chanter pour braver la mort : non, plutôt, pour éviter de hurler l'adieu, me fermer la bouche des deux mains, m'élancer moi — moi, pas mon chant —, me précipiter vivante, vibrante, plonger dans le Gange immense de la désolation, de la pourriture, de l'eau.

Les rejoindre, c'est la tentation. Autant arrêter net le récit, s'il me devient corde pour futur garrot. Je me dresse là, de l'autre côté : face à eux, mais pas avec eux. Ils m'ont quittée malgré moi. Je reste là, et si je tourne la tête et si je crois voir le désert, alors je me trompe, je m'aveugle, je m'illusionne !

Simplement, je ne vois plus l'Algérie. Simplement, je tourne le dos à la terre natale, à la naissance, à l'origine.

Simplement, je découvre la terre entière, les autres pays, les multiples histoires : tant pis si, pour l'instant, les êtres, les arbres, les chats me paraissent soudain à plat, en surface, sortant presque des pages d'un livre d'enfant. Tant pis si je ne crois pas tout à fait à cette variabilité, à cette reviviscence.

Simplement, je réhabite ailleurs ; je m'entoure d'ailleurs et je palpite encore. Et j'ai des désirs de danse. Je ris déjà. Je pleure aussi, aussitôt après, troublée de constater que le rire revient. Mais quoi, je guéris ! A ma manière, j'oublie.

J'oublie le sang, et j'oublie les meurtriers. Que la terre est large ! Autant que mon cœur ! je croyais arpenter un royaume noir où, peu à peu, Ariane, Oriane et même Antigone, et aussi Fatima — « la mère des deux Hossein » — allaient m'aider à chasser les monstres et leurs fabulations sinistres.

C'est le noir qui m'a chassée. Je vous ai vus, vous, mes amis, de l'autre côté : votre écriture (qui portait votre voix), je la savais mon fil dans le labyrinthe... Il n'y a plus même de labyrinthe... Vous, toujours là-bas, et moi, expulsée du désert.

Je suis aspirée ailleurs. Je me vois ailleurs ; vous me suivez un moment de loin ; vous promettez de ne pas vous dissiper. Je suis là-bas sans terre natale, seule votre voix franchit la frontière, vous trois d'abord, comme lorsque je dormais en Californie ; ensuite les autres du premier quatuor, du second. Jusqu'à quand votre voix me soutient, me guide, me pousse en avant ?

Je tourne les yeux : le paysage s'élargit, se multiplie. Je l'ai souhaité, j'irai vivre en Egypte, puis en Chine... Et je retrouverai des compagnes amies, des sœurs disparues... Leur force ; leur gaieté ; leur présence qui comble l'absence. Tout près de moi, elles se rapprochent.

Surtout grâce à elles, je veux continuer à écrire pour me noyer les yeux de ciel : l'Agérie est un astre étincelant ou mort, pas tout le firmament !... Conti-

nuer ? Je devrais dire, comme l'un des derniers per-
sonnages de Beckett : « Je continue... Je ne peux pas
continuer. Je continue parce que je ne peux pas
continuer ».

3. Le troisième, c'est un choyé des dieux et, au
prime abord, cela peut surprendre. Après tout, cet
écrivain-là va mourir le plus âgé de la liste, à
soixante et onze ans. Or je le revois si jeune, la silhouette mince, affinée, presque sculptée, et le
visage éclairé d'un sourire de connivence ; en
même temps de quelque chose de timide... Ainsi
ma dernière rencontre avant qu'il ne disparût deux
mois après, me semble-t-il.

Il est parti heureux. Depuis quelques années
— je le constatais peu à peu dans les quelques rencontres de quartier (car il s'agit d'un ami « du quartier ») —, je m'en rendais compte assez précisément : les dernières cinq ou six années de sa vie,
il avait rejoint définitivement sa jeunesse d'autrefois, ou celle qu'il méritait enfin.

Ce matin-là, je l'aperçus de loin. Une rue déserte
et ensoleillée des hauteurs de la ville. Je lui fis une
moue gentille, une fois parvenue près de lui.

— Vous ne me reconnaissez donc pas ?

Il me reconnut. J'avais coupé mes cheveux trop
court. Je ne sais plus ce qu'il me dit. Lui et moi,
face à face, dans ce soleil matinal. Moi, je nageais
en état de bonheur visuel : j'étais arrivée la veille
et c'était décembre. J'avais laissé le gris de l'Europe
et je retrouvais cette lumière !

— Avant de vous apercevoir de loin, je marchais,
tête en l'air. Comme la ville est belle, ainsi irisée !
Je ne m'en lasse pas : comme si c'était toujours la
première fois ! Je ne me rassasie ni des façades, ni
des balcons des maisons, ni surtout du ciel !...

Il me souriait. Je n'ai pas osé lui dire que, l'ayant aperçu arriver de loin, je l'enviais de vieillir en s'affinant : une silhouette de plus en plus étroite.

— Si vous veniez nous rendre visite, finit-il par me dire, vous auriez une des plus belles vues sur cette ville !

— C'est promis, lui dis-je, sur ma lancée, je viendrai. Je vous téléphone un de ces jours et j'arrive.

Il habitait non loin de la maison de mon père. Je le quittai pour me remettre à marcher, plongée dans mon bien-être du matin. Je m'en allais, nez au vent.

Cela se passait en décembre 88. Je me fis, je crois, alors, une remarque plutôt grave : « Comme c'est étrange ! A chaque fois que je rencontre Mouloud Mammeri et c'est comme cela depuis... avant 62 —, depuis 60, déjà au Maroc ! —, lui et moi, n'importe où, dans mon quartier ou ailleurs, nous plaisantons, nous rions comme deux collégiens !

Je trouvais brusquement cela insuffisant : un gel de paroles, soudain, m'apparut entre nous... Une femme et un homme en Algérie, écrivain chacun de surcroît, qu'est-ce qu'ils se disent ? Ils auraient tant à se dire et justement, pour cela, ils ne se disent rien !

Je fus de retour à Alger début février. Remonta en moi le désir — surtout parce que je n'arrivais pas à oublier l'automne des six cents morts ! — d'un entretien de vérité :

— Parler, peut-être est-ce qu'on pourrait parler vraiment, au moins entre écrivains ? dis-je à un ami éditeur à Alger.

Je lui évoquai ma rencontre avec Mammeri :

— Ce n'est pas la première fois qu'il m'invite ! remarquai-je, et moi, ce n'est pas pour la vue d'Alger que je voudrais aller jusqu'à lui... Parler,

parler quelques-uns entre nous... de tout ce qui fermente ces temps-ci !

L'inconvénient, lui expliquai-je, d'être femme, dans ce pays :

— J'aimerais bien aller, soupirai-je, vers mes confrères au moins, mais tu le sais, je ne me vois pas prendre les devants, ne serait-ce que dans la forme !

L'ami éditeur était un bon intercesseur ; il décida :

— Je viens te chercher un prochain jour ! D'ici là, j'aurai téléphoné à Mammeri. On improvise une réunion amicale, chez moi ou chez lui !

Je lui suggérai de voir si Kateb Yacine ne pouvait se joindre à nous : je l'avais constaté, peu de mois auparavant, à Bruxelles : le drame d'octobre l'avait laissé sans voix.

— Réconfortons-nous un peu, espérai-je, et, pour une fois, oublions le protocole !

L'ami me rappela peu après :

— Mammeri vient de partir au Maroc pour un colloque !... Il revient dans une semaine. Si tu es encore ici, nous nous retrouverons alors tous, comme tu l'as souhaité !

Mouloud Mammeri avait choisi de retourner au Maroc par la route, plutôt que par avion.

La sœur d'une amie, Malika, qui fut sa collaboratrice, lui parla au téléphone, la veille de son départ :

— Est-ce bien prudent, Da LMouloud ?

— Je le connais si bien, ce trajet, ma voiture est sûre et ces journées de février sont si belles !

— Mais, insista Malika, les gens, chez nous, sont si imprudents sur la route ! Faites bien attention, Da LMouloud !

Il rit.

— J'entends encore son rire, celui d'un jeune homme ! soupira-t-elle, longtemps après.

— Ne vous inquiétez pas pour moi, voyons ! rétorqua Mammeri, puis, après un silence, espiègle comme d'habitude, il ajouta : Vous savez bien que je suis immortel !

A Oudja, il aurait pu s'attarder. On l'invitait partout : ses amis marocains, les journalistes, et même un ami américain, un professeur qui lui était proche. Ils se promirent de se retrouver, peu après, à Alger, pour un entretien qui devait paraître.

Mammeri se hâtait soudain. Il voulait rentrer, et toujours par la route. Il dit qu'il ferait halte à Oran ; peut-être ensuite plus longuement à Sidi Bel Abbes.

Il se hâta partout. Il roula seul sur la route, celle de son adolescence — quand, la première fois, à quinze ans, il était allé rejoindre son oncle paternel, l'ami et conseiller du roi Mohammed V. Il revivait aussi son retour allègre de juillet 62 (il avait dû quitter Alger, en 57, échappant de justesse aux légionnaires qui, à El-Biar, venaient l'arrêter) ; l'exaltation alors de revenir dans son pays enfin indépendant, il l'avait goûtée tout au long de cette même route — et à présent, tout se mêle en son souvenir, y compris les joies récentes, les foules nombreuses qui s'assemblent désormais quand il intervient pour la berbérité, pour Si Mohand : ainsi, ces derniers mois, à Oran, à Aïn el-Hammam (où on lui offrit un burnous), à Bejaia, en janvier, où seul le stade fut suffisant pour les milliers de gens venus entendre sa conférence sur la culture berbère ! Et cette manifestation d'Oudja, avec sa chaleur maghrébine... Connaissait-il une revanche ? songeait Mouloud Mammeri. Non, remarqua-t-il avec modestie, il accompagnait une reviviscence.

Il repensa aux lignes qu'il avait écrites et envoyées, avant de partir, aux assises du Mouvement culturel berbère qui se tenaient le 10 février précédent :

« La reconnaissance de la berbérité est le test décisif de la démocratie au Maghreb. »

Mammeri se hâta, oui. Il ne s'arrêta pas. Jusqu'à la nuit noire qui enveloppa peu après Aïn-Delfa, « la source des lauriers amers ».

Cette nuit-là, du samedi 25 février 1989, après deux ou trois semaines d'un printemps prématuré — et les paysans, soucieux, d'appréhender une saison de sécheresse —, la tempête éclata sur le centre de l'Algérie. Je me souviens précisément de cette nuit, du déchaînement de ses orages : je devais quitter Alger le lendemain. Je décidai, en abordant le matin soudain frileux, de retarder mon départ et de dîner le soir chez des amis enseignants.

Dalila, l'hôtesse qui était descendue alors acheter le pain qu'elle avait oublié, remonta, bouleversée :

— Mouloud Mammeri est mort, cette nuit, dans un accident sur la route : je viens d'entendre la nouvelle annoncée à la radio, chez le boulanger !

Mouloud Mammeri conduit une voiture 205 (« Une voiture de jeune homme », dira Tahar Djaout) entre Aïn-Delfa et El-Khemis. Il est environ onze heures du soir ; il pleut très fort. Un taxi 504 le suit, d'assez près. Les deux voitures roulent ainsi environ une dizaine de kilomètres.

A un tournant, Mammeri est surpris par la signalisation d'un camion en stationnement. Il freine brutalement ; le taxi qui vient à son tour de tourner percute la 205 : la voiture de Mammeri, déportée vers la droite, continue sa course droit sur un arbre, en contrebas.

Mammeri, blessé et inconscient, est transporté, peu après, au plus proche hôpital du secteur. Au service des urgences, il est enregistré sous son nom d'état civil : Mohammed Mammeri. Il y a tant de Mohammed et beaucoup de Mammeri.

Personne ne saura dire quand exactement, au cours de cette nuit ou à l'aube du dimanche 26 février, Mouloud Mammeri rendit l'âme.

Sa fille et sa femme, averties au matin par le service hospitalier, vinrent le reconnaître ; elles firent alors savoir qu'il s'agissait de Mammeri l'écrivain.

Tahar Djaout, dans une *Lettre à Da LMouloud* publiée peu après, témoigne, avec ce doux sourire qui lui était habituel, lui qui, mieux qu'un autre, pourrait être le fils en littérature du disparu auquel il s'adresse :

« Le soir où la télévision avait annoncé laconiquement et brutalement ta mort, je ne pus m'empêcher, en dépit de l'indicible émotion, de remarquer que c'était la deuxième fois qu'elle parlait de toi : la première fois pour t'insulter lorsque, en 1980, une campagne honteusement diffamatoire a été déclenchée contre toi, et la deuxième fois, neuf ans plus tard, pour nous annoncer ta disparition.

« La télévision de ton pays n'avait aucun document à nous montrer sur toi : elle ne t'avait jamais filmé, elle ne t'avait jamais donné la parole. »

A Taourit-Mimoun, deux cent mille personnes, une marée humaine, furent présentes aux funérailles.

Un document filmé montre les enfants, les

femmes, de vieux paysans dévaler les sentiers de montagne et se presser pour arriver aux Beni-Yenni et saluer la dépouille de Da LMouloud.

Je le répète et je le crois fermement : il fut un choyé des dieux, celui qui alla rejoindre la haute montagne, « celle où je suis né », disait-il à Jean Pélégri et il ajoutait : « Elle est d'une splendide nudité. »

Le seul peut-être en effet de cette liste de mes confrères qui n'eut pas, lui, une « mort inachevée » ! Telle s'affermit mon impression, devant cette ombre qui sourit, qui s'efface dans la roche — celle du Djurdjura et celle, à la fois, de la langue !...

Les derniers mois, les dernières semaines avant son voyage au Maroc — cette « traversée » ultime et exaltée —, Mammeri est replongé entièrement dans un dialogue intime avec Cheikh Mohand ou Lhocine ; dans la langue de ce dernier et relisant ses écrits spirituels, le bonheur, pour Mammeri, se goûte sur plusieurs strates (d'où, me semble-t-il, cet éclat qui l'illuminait la dernière année, qui a littéralement transformé cet écrivain qu'on prenait trop volontiers pour un « homme de lettres », dont on louait la culture, le raffinement, dont on a regretté parfois la prudence, le retrait, parce que en effet, en avril 80, il aurait pu prendre, dans un élan fougueux et romantique, la direction entière de la révolte culturelle berbère, qu'il a pourtant déclenchée).

Or, ces neuf années, Mammeri est, de l'intérieur, de plus en plus habité par le roc de la langue, par son miroitement et sa herse — la langue des aïeux qui sculpte, pas à pas, son lent dialogue avec un grand devancier — la parole, pied à pied, rétablie, restituée, ramenée en amont, à la source — la leur, à eux deux.

Dialogue en effet entre un fils — Mammeri — et son père en poésie, Cheikh Mohand ou Lhocine. A son tour, et exactement un siècle après, Da LMouloud va en pèlerinage : mais il nous a, mine de rien, avertis :

« La plupart des pèlerins — écrit-il en rappelant l'histoire de ces mouvements de foule, à la fin du XIXe siècle, auxquels la grand-mère, elle-même, de Jean et Taos Amrouche participa — viennent en visite pieuse... Un petit nombre cherchent la sagesse et les beaux dits *(ad-awin).* »

Mammeri est naturellement de ce petit nombre : il boit à la source, non point d'un mysticisme qui lui serait venu en miasmes tardifs, pour adoucir les aspérités de l'âge — nous l'avons dit et redit : Mammeri, en cette décade quatre-vingt, ne dérive pas ; il se raffermit, sa plume aiguë vibre, acérée.

Mammeri ne vieillit pas ; il se dirige en amont, il glisse, il plane (ainsi l'ai-je perçu dans cette ultime rencontre, ce matin ensoleillé de décembre, à Alger, et si alors je l'avais su mortel, c'est sûr, je me serais délivrée de ma « bonne éducation » raidie, je l'aurais enlacé, embrassé...).

Mammeri, face à Cheikh Mohand ou Lhocine, détecte surtout le poète — le sage et le poète — à la seconde même où le mot apparaît, où se développe le poème.

Nabile Farès l'exprime justement dans son hommage à Mammeri : « Le poème était auparavant Mot — *Awal* — mot de langue, encore inabordé ; en son intérieur ; mot oublié ou diffus, dont le langage tenait un compte particulier, d'écart, de marge, de ravines ou de hauteur si éloignée ou si négligeable — Mot-colline ; Mot-oublié. »

Dans la dernière quête — à la fois recherche,

écoute et mise en œuvre — du romancier, Mouloud Mammeri reconstitue avec ferveur le cheminement — linguistique autant que spirituel — de ce saint si populaire de Grande Kabylie, de 1870 jusqu'à sa mort, en 1901. L'ouvrage final, que Mammeri désirait publier tout autant en français qu'en tamazirt, il allait l'intituler : *Le Don souverain* : l'objet de sa chasse à lui, toute sa vie ; son Graal.

« Cette faculté de créer, en apparence à partir de rien, c'est le don souverain du Cheikh. On considérait que c'était la marque de son élection. Elle était si remarquable qu'elle a paru miraculeuse. »

Et Mammeri, patiemment, de refaire le fragile chemin, l'étroit et incertain passage, le fil secret qui lie, qui sépare, qui relie, qui trace et laisse incertaine, la trace entre la terre vierge de l'oralité et le sol trop tôt durci de l'écrit : car il ne s'agit plus seulement de tamazirt — quelle que soit la plus belle et la plus ancienne des langues —, il s'agit de ce qui, pour tous les hommes, fait sourdre le secret, et la peine, et le noir, de ce qui souligne entre le regard et la voix, et la main qui suit ou s'envole entre regard et voix, il s'agit de l'aile de la parole, du son diaphane, il s'agit pour tous...

Et Da LMouloud de replonger dans la parole jaillissante du vieil homme, vivant cent ans avant lui mais dans même terroir, face à même haute montagne, « d'une splendide nudité » :

« Ainsi, écrit-il, l'inspiration jaillit de l'instant. Elle semble procéder d'une sorte de pulsion irrépressible, quelquefois dictée par des sollicitations formelles. A pénétrer le sens, on s'aperçoit vite que ce qui paraissait pur jeu du Verbe était en réalité fruit d'une sûre et longue réflexion ou bien d'une rapide vision... De là, la marque particulière de l'enseignement du Cheikh. Il en est au stade de la pensée jaillissante, de la maïeutique, celui que l'oralité détermine. »

Au cours de ce *Don souverain* Mammeri en vient à évoquer la mort, le 8 octobre 1901, de ce poète-saint berbère : un mardi, au milieu du jour, Cheikh Mohand ou Lhocine rend l'âme, à la suite d'une longue maladie. Mammeri la raconte ; il décrit combien la nouvelle bouleverse la région, le pays ; il rappelle les processions d'hommes et de femmes qui accourent de toutes parts sur le chemin de Taqqa.

Sur le chemin des Beni-Yenni, des milliers d'hommes et de femmes accourent de toutes parts et, à leur tour, enterrent Mouloud Mammeri, quatre-vingt-huit ans après.

4. A cette même époque, tandis que commence mars 89, Kateb Yacine apprend sa maladie. Il se trouve en France ; il a quitté Paris où, l'année précédente, il a reçu un important prix français. Il est accompagné de son dernier fils, un adolescent.

Il n'aime plus séjourner à Paris : son amie, son hôtesse, la si ardemment dévouée Jacqueline Arnaud, est morte, l'hiver dernier, épuisée — et quasiment dans les bras du poète, en lui tendant une théière. Yacine projette de s'installer en Provence : se remettre à écrire continûment et comment, enfin, s'y atteler sinon en tournant le dos à la terre Algérie.

Elle a frémi, elle est entrée à nouveau en transe, les séismes reviennent, il le sait, il le sent, lui, le poète — plus besoin de rêveries au fumoir de haschish au-dessus du ravin du Rummel, de Cirta, dans les danses de Sidi McID.

Il le sait, il le sent, les années noires, les années violentes reviennent, le Cercle, n'a-t-il pas constam-

ment ululé à propos de ce Cercle maudit : il le sent,
le poète !

Mais il est las aussi, il n'en peut mais, il tourne le
dos à la terre Algérie, à la mère incarcérée, à Nedjma
disparue. Il s'en va, il veut partir. Soudain les mots
reviennent, cercle d'oiseaux de proie. Années de la
férocité ?...

Il est las, le poète : il se tait ; il se tend. Il s'en va,
même si les mots reviennent, et les oiseaux de proie !

A Alger, je rencontrai Ali Zaamoum qui me fit
part de son souhait :

— Le 1er novembre prochain, mon projet — et
ma joie — serait d'inaugurer des festivités dans
mon village, tu sais, Assia, que là a commencé en
fait la préparation du 1er novembre 54. Je désire-
rais y faire démarrer un festival, avec deux invités :
Kateb Yacine et toi. Acceptes-tu ?

— J'en serai honorée, répondis-je, par amitié
d'abord pour Ali.

Je promis de rester ensuite plusieurs jours au village.

— Tu apprendras le berbère avec nos femmes !
décida Ali.

Ce 1er novembre 89 arriva : tôt le matin, Ali Zaamoum se précipita à l'aéroport d'Alger. Un avion
spécial, envoyé par les autorités algériennes, ramenait au pays le corps de son plus grand poète.
Kateb Yacine était mort le 28 octobre à Grenoble
d'une leucémie déclarée et développée en six mois.

Etrange coïncidence, un cousin germain de
Yacine, Mustapha Kateb (qui inspira l'un des héros
du roman *Nedjma* et qui fut animateur de premier
plan d'un théâtre aux antipodes de l'œuvre de Yacine), s'était éteint le 29 octobre, dans un hôpital de
Marseille.

L'avion affrété ramenait donc les corps réunis

des cousins qui ne se parlaient plus depuis des années. Dans cet ultime voyage de retour, une femme veillait et descendit avec les corps : c'était la cousine qui, jeune fille, prêta sa beauté et son aura à l'héroïne de Kateb Yacine, la Nedjma bien réelle que le poète aima adolescent, lui qui ne fut jamais vraiment guéri de ce premier amour.

Ali Zaamoum, à l'aéroport, observe la foule qui augmente. Le salon d'honneur ouvre ses portes. Des officiels s'installent, se montrent devant le groupe des journalistes : des ministres, des hauts fonctionnaires.

Un moment désorienté, Ali, l'ami depuis trente ans de Yacine, constate que la comédie funéraire a envahi pas seulement l'aire des *chahids* morts, inhumés et réinhumés ; cette fois, le champ culturel — le corps des écrivains les plus purs — devient à son tour prétexte à éloquence nécrophage !

« Eux qui n'ont pas lu une ligne du poète ! Eux qui, lui vivant, osaient à peine s'approcher de lui, craignaient de le saluer, devant le risque bien réel de recevoir, en retour, des insultes ! », se dit amèrement Ali qui, jetant un dernier regard sur ces personnages en complet-veston, tourne le dos. Sa haute et maigre silhouette s'éloigne.

Il retourne à Ighil-Imoula, son village : c'est là que Kateb restera vivant, et particulièrement en ce jour du 1er novembre.

Au même moment, à Paris, j'écoutais au téléphone une amie parler longuement de Kateb, l'évoquer dans ces deux dernières années, tenter de se consoler, elle qui fut la dernière femme à l'aimer.

Kateb Yacine fut comparé si souvent, et sans doute trop aisément, tantôt à Rimbaud (comme lui, son œuvre phosphorescente s'est cristallisée, vingt-cinq ans avant sa mort), tantôt à François Villon. Certes, ses amis marxistes pratiquèrent plus volontiers la comparaison avec le poète Maïakovski. Kateb ne se tua pas, non ; mais comme le poète russe, ce fut le désenchantement, lorsqu'il se résigna à s'enfoncer dans le quotidien algérien, qui l'amena à épuisement.

Réinstallons plutôt Kateb — c'est le moment ultime — d'abord dans son terroir.

Il m'apparaît, Yacine, au moment où il va disparaître, en ombre fraternelle de l'autre grand poète, Si Mohand ou M'hand, le plus populaire des poètes de Kabylie, au cours des trente dernières années du siècle passé. Celui-ci mourut, à un peu plus de soixante ans, au début de ce siècle, en 1906.

Plus de vingt ans après, et dans l'Est algérien, naît Kateb Yacine, voué étonnamment presque au même destin, comme si l'ange qui, raconte-t-on, fut à la source même de l'inspiration de Si Mohand — il lui aurait demandé, au bord d'une source : « Choisis : rime et je parlerai, ou bien alors parle et je rimerai ! » et Si Mohand, dit-on, choisit de parler ! —, l'ange donc de la précoce inspiration semble avoir fait une seconde rencontre : « Parle et je rimerai ! »

Entrelacer les deux schémas de vie, ce serait la tentation, non sans pertinence : la prédestination si tôt, la naissance dans une famille de lettrés, mais que la tragédie de l'histoire algérienne ruine et disperse (Si Mohand, à l'insurrection de 1871, voit son père fusillé, son oncle déporté, les biens de la famille séquestrés, et de même Yacine a vécu d'abord une enfance heureuse entre un père fonctionnaire de justice musulmane et une mère poétesse, mais en 1945 tous les siens sont broyés par la répression de Sétif et de Guelma, lui-même adolescent de quinze ans est emprisonné ; après cette fracture, il ne peut continuer ses études, sa mère malade est hospitalisée, son père tôt disparu lui laisse de lourdes charges familiales).

Kateb Yacine et Si Mohand deviennent, toute leur vie, l'un et l'autre, des poètes vagabonds. « Amant passionné de l'espace et de la liberté, il va où son étoile le conduit » : ainsi Feraoun parle de Si Mohand, lui qui affectionnait le vin doux et l'absinthe, lui dont les *isefras*, poèmes à forme fixe, ne chantaient que l'amour, ou la déception d'amour, ou l'ivresse, mais avec une frappe toujours d'acier. Lui qui, infatigable marcheur, ne cessera jamais ses pérégrinations entre la Kabylie, la région de Bône et la Tunisie.

Yacine, lui, à dix-sept ans, fait publier un recueil de poèmes et, à dix-huit, vient à Paris donner une conférence sur l'émir Abdelkader. Comme Si Mohand plongé dans la langue berbère mais ayant étudié l'arabe classique dans la zaouïa de son oncle, Kateb est d'emblée entre deux langues : son écriture française côtoyant l'arabe maternel.

A partir de la publication de son chef-d'œuvre, *Nedjma*, en 56, la popularité de Yacine, en Algérie comme en Europe, va certes l'auréoler partout où il se trouve ; elle va également accentuer son errance : en U.R.S.S., au Vietnam, en Allemagne, en Italie, dans l'Algérie de l'indépendance où il rentre, mais d'où il sort assez vite, pour s'y fixer peu après, 1970. S'écoulent plus de trente années, où sa condition de nomade représente à la fois son besoin d'oxygène et sa contrainte, car il aspire par moments à se fixer, à écrire dans la stabilité !

« Il éparpille ses *isefras*, ses poèmes, comme le semeur dans son champ », reprend Feraoun toujours à propos de Si Mohand, dont heureusement, avant même la mort du poète, le lettré Boulifa fixe, par l'écriture, une centaine de compositions. De même Kateb, dans la prodigalité de son inspiration, dans son insouciance à conserver (en lui, la fièvre d'écrire, jeter sur la feuille blanche ; aux autres à ramasser, à classer, à éditer, à...).

Il est toujours là-bas : comptent autant ses partances dans l'espace que ses illuminations. Que son premier éditeur, que Jacqueline Arnaud, que Jean-Marie Serreau pour le théâtre le contraignent et l'entourent : il est pressé, à peine le vers, les dialogues de pièce, le chapitre du roman donnés, il veut être là-bas. Ailleurs l'appelle, et c'est ainsi qu'il aura traversé les espaces bien réels et ceux intérieurs de l'Algérie, de la France, du monde, en passager hâtif, quelquefois douloureusement vulnérable, et pudique, et colérique !

Certains accents de mélancolie, de douce amertume de Si Mohand ou M'Hand vieilli — qui choisit jusqu'au terme de ses dernières forces de déambuler, avant de s'écrouler deux mois seulement dans un hôpital de Michelet, et mourir ! —, certains quatrains, même traduits, sont déjà, anticipés, presque du dernier Yacine, dans les éclats de son *Œuvre en fragments.*

La première fois que je rencontrai Yacine, ce fut l'été 58 à Tunis, tandis que nous nous retrouvions par groupes de réfugiés : il était timide et silencieux, mais inséparable de Harikès, son ami guitariste, et c'était la guitare qui, sur un signe de lui parlait à sa place.

Se déroulèrent toujours ainsi les rencontres à plusieurs durant cette époque : des commentaires sur la guerre, les nouvelles « de l'intérieur » par tel ou tel maquisard récemment arrivé, et déjà nous regar-

dions autour de nous pour vérifier si « les hommes de Boussouf » ne rôdaient pas par là, en délateurs zélés. Pas un mot de littérature, pas un vers lancé gaiement : seuls la plainte nasillarde ou le rythme traditionnel d'une complainte de la guitare de Hari-kès. En fait, à l'âge que j'avais alors (mais j'avais publié mes deux premiers romans), c'était sans doute le premier poète algérien, traditionnel ou « moderne », que j'approchais en chair et en os !

La dernière fois que je le vis, ce fut à l'occasion d'un colloque à Bruxelles en novembre 88. En ouverture de cette manifestation, la première soirée fut consacrée à rappeler que, trente ans auparavant, avait eu lieu la création du Cadavre encerclé de Kateb à Bruxelles, puisque la pièce avait été interdite en France. Ce fut surtout un hommage à J.-M. Serreau disparu, en présence de sa veuve et de ses amis. Kateb était assis sur scène au milieu d'eux, l'air plutôt maussade — il avait annoncé qu'il ne parlerait à aucun journaliste présent de la situation algérienne !

De la salle où je me trouvais, je fus assez vite fascinée par les pieds de Kateb. Il portait un jean, je crois ; surtout, il allongeait ses jambes et soudain ses pieds dans des baskets assez volumineux prirent pour moi toute la place sur l'avant-scène. Il avait auparavant maugréé ; il avait répété qu'il n'avait rien à dire. Or pour moi, ses pieds chaussés de baskets lourds ainsi exposés — juste une ligne au-dessus, son visage triste apparaissait émacié, sans sourire — parlaient pour lui ! Ou plutôt parlaient de son silence ! Les orateurs se mirent à commenter Le Cadavre encerclé, alors que deux comédiens seulement auraient pu se dresser et nous lancer à nouveau le feu du texte !

Un malaise me prit. Je sortis discrètement. Debout au bar, devant une tasse de café, je fus rejointe par

Nabile Farès. J'ai essayé d'expliciter devant celui-ci ma gêne : comme un nœud en moi contre ce style de commémoration, peut-être aussi contre toutes les commémorations.

— Nabile, dis-je soudain, Kateb n'est pas mort ! C'est Jean-Marie Serreau l'absent !... Mais lui, il est encore vivant ! Il n'a pas soixante ans : il a au moins dix ans devant lui d'écriture et de publications, peut-être quinze !

Farès me rétorqua que c'était la règle de telles cérémonies ! Je répondis qu'à cause du silence de Kateb, j'avais eu l'impression qu'on était en train de l'embaumer, lui vivant !

Le soir, accompagné de son fils allemand qu'il avait retrouvé, cerné par quelques admiratrices, Kateb vint à notre table nous saluer, puis il s'éclipsa.

Je ne le revis plus.

A cette même époque, ou plutôt avant le désastre d'octobre avec ses six cents morts, en mars 88, dans un petit restaurant parisien, Kateb Yacine avait à brûle-pourpoint déclaré au metteur en scène de théâtre Thomas Gennari, avec lequel il préparait une pièce sur Robespierre :

— Il y a ici une force mauvaise, je la sens sur moi !... ça met longtemps, ça met longtemps à finir... La mort, comme l'ombre de mon ombre, me rejoint. Elle finira bien par m'avoir, ou alors c'est moi qui l'aurai !...

La leucémie qui se déclara en lui au printemps 89, au moment même où Mammeri venait d'être emporté par un accident de voiture, ne lui laissa plus de relâche tout l'été. Il fut soigné à l'hôpital de Grenoble où il mourut le 28 octobre 89.

Il venait d'avoir soixante ans.

Tandis que Ali Zaamoum, son ami le plus proche, renonce aux solennités de l'enterrement pour l'évoquer seul, dans son village, le corps du poète, débarqué à l'aéroport, après le déroulement de maints discours, fut emmené dans le petit logement, à Ben Aknoun, qui lui avait servi de « pied-à-terre ».

La troupe de comédiens de Sidi Bel Abbès, tous les autres amis algérois du poète décidèrent de faire de cette veillée funèbre une fête, un happening. On pleurait, on riait, on déclamait, on s'adressait au corps immobile qui, naturellement, tous en étaient sûrs, les entendait.

Le lendemain, ce furent les funérailles pour lesquelles une bonne partie de la ville se préparait, ainsi que le monde de la culture officielle pour qui se montrer était nécessaire, maintenant que la presse indépendante répercutait tous les événements.

Ceux qui avaient veillé autour de Kateb jusqu'à l'aube partirent les premiers dans le soleil d'automne, comme à une kermesse.

Le cercueil fut juché dans une camionnette qui démarra ; un cortège bruyant de véhicules suivait. A mi-chemin, la camionnette tomba en panne. Commentaires ironiques des amis :

— Ainsi, c'est bien un de ses tours, à Kateb ! Il maintiendra le suspense jusqu'au bout !

Dans la rue — on se trouvait encore à El-Biar —, des jeunes gens, apprenant qu'il s'agissait du cercueil du grand poète, se proposèrent pour aider : ils insistèrent, c'était un honneur pour eux. La foule s'agglutina. Les jeunes changèrent le pneu, vérifièrent l'huile du moteur. Sur leur lancée, certains d'entre eux — ils étaient quatre — décidèrent de suivre le cortège et d'assister à l'enterrement.

Des comédiens, encore un peu éméchés, leur assurèrent qu'avec l'assentiment de Kateb (ils prétendaient avoir dialogué avec lui cette nuit même), ils allaient faire la fête au cimetière ! Et tout ce monde de repartir dans un début de liesse.

La voiture funéraire parvint au cimetière d'El-Alia alors que le groupe d'officiels, de rang ministériel, se trouvait déjà là. Face à eux, de l'autre côté, montaient en masse des groupes surtout de jeunes : plusieurs associations berbères, banderoles en tête, avec un portrait du poète et des inscriptions en alphabet tifinagh, arrivaient du fond dans une rumeur sourde.

Quelqu'un précisa qu'ils descendaient de cars spéciaux venus de Tizi-Ouzou, pour remercier le poète défunt de son indéfectible soutien, lui pourtant qui n'avait pas parlé le berbère.

Les jeunes filles, quelques femmes à l'allure populaire, la tête enturbannée de foulards colorés, étaient presque aussi nombreuses que les hommes. Un brouhaha, des piétinements derrière contribuèrent à calmer le groupe des comédiens qui s'approchaient comme vers une représentation. Ils stationnèrent sur le côté, soudain circonspects et méfiants : cette fois, on n'allait pas leur faire la comédie de l'aéroport.

Des journalistes, quelques photographes entrèrent en action, avec désordre et sans discrétion. Quelqu'un, parmi eux, s'inquiéta de la famille. On lui indiqua, non loin, le dernier fils de Kateb, un adolescent de quinze ans, Amazigh, dont le regard errait sur la foule : il ne comprend pas, il est loin de la tombe, ouverte et humide, il ne sait pas encore que ce sont les derniers instants, qu'il ne contemplera plus le corps enveloppé de son père comme cette nuit, au centre des chants lyriques, des récitations de poèmes, que... Un photographe le mitraille d'un flash : deux femmes, près de lui, le font reculer, le préservent.

Soudain le soleil resplendit, comme s'il n'était pas d'automne, comme si l'aube allait s'immobiliser, dans son scintillement. Des rayons, en oblique, éclairent une partie de la foule : bousculade autour de l'excavation qui attend. Des hommes, des enfants grimpent sur des éminences, foulent les autres tombes : pour assister au moment crucial.

Le désordre s'atténue : « L'imam, l'imam ! », chuchote-t-on quand apparaît un personnage assez vénérable qui prend place au premier rang, à côté du groupe officiel.

Tous veulent voir l'instant précis de l'inhumation. Mais, après un moment d'hésitation (l'imam s'est placé, comme sur scène, les mains jointes, paumes ouvertes, prêt dans son rôle d'officiant religieux), sans doute parce que, à travers les rangs de la foule, le mot a couru : « L'imam, l'imam... pour la prière. » D'un coup, les chants s'enfièvrent : les hymnes, du fond du cimetière par vagues refluant jusqu'à la tombe, se croisent, se mêlent : en berbère, en arabe dialectal, en français.

Après un creux qui tangue, un suspens éclate alors, plus fort et plus ample que les autres, le chant de *L'Internationale*. Le couplet fuse, un peu incertain, c'est la première fois dans un cimetière musulman. Au refrain, de multiples voix se joignent, et le chant emplit l'espace : des étudiants sont tout joyeux, l'un lève le bras, l'autre brandit la photo de Yacine :

— J'y ai cru une seconde, au miracle : Kateb entendait ce chant, son chant ! Au moment où le corps saisi par quatre amis allait s'enfoncer en terre, c'est sûr, il a frémi une dernière fois, grâce à ce chant ! Il a été heureux ! se souviendra l'un des jeunes témoins.

Les chants patriotiques ont repris d'un autre côté, ont fait écourter *L'Internationale*. Les officiels se sont figés de crainte, comme si la foule allait se débander... contre eux. Vite, l'instant de la prière de l'absent. Ils pourront partir...

La cérémonie des adieux continue. L'imam a tenté, au premier arrêt des chœurs et des chants, d'amorcer son discours mais c'est un ami du poète qui le devance, au nom d'*Alger républicain*. Il évoque, en dialecte et en français, en termes simples, la jeunesse de Yacine au journal ; puis son amitié personnelle pendant les années de la guerre d'hier.

L'ami communiste a parlé un peu plus de cinq minutes : le public s'est tu, attentif. Aussitôt après, l'imam fait un pas et commence... en arabe classique.

Hurlements : mots violents contre la fausse majesté ; « Trahison ! » s'exclame un étudiant. Les chants berbères s'élèvent de toutes parts, cette fois pour couvrir le discours. Du fond, les premiers youyous des femmes vrillent, transpercent le vacarme. Et toujours, les rayons du soleil en oblique auréolent le tableau. Les rebords de la tombe ne paraissent plus noirs, plutôt gris, ou d'un bleu tamisé. Amazigh, le fils du défunt, garde les yeux posés sur ces couleurs.

L'imam s'est tu ; le visage calme, il dévisage à présent les premières rangées de la foule, ses composantes : là le carré des comédiens, là les étudiants des associations, ici les femmes, des enseignantes avec leurs élèves. Il remarque vite l'hétérogénéité : des notables (d'anciens militants vénérables qui veulent manifester une dernière fois leur estime au poète : le visage tendu, ils sont choqués que l'inhumation ne se passe pas dans la sérénité ni la gravité nécessaires... Puis les ministres, les officiels en exercice, qui semblent mal à l'aise).

L'imam regarde la tombe ouverte où le corps a été placé ; il se concentre sur le défunt, « une créature de Dieu, en cet instant, c'est tout ! ». Il commence des prières en lui-même pour le mort. Son oreille reste aux aguets : les clameurs vont s'épuiser, juge-t-il.

Pense-t-il alors : « Les clameurs des infidèles », « des inconscients, des enfants » ? Son regard, ferme, reste fixé sur le fond de la tombe qui reçoit les rayons du soleil matinal.

Les officiels commencent à se rassurer : ils ont senti la détermination du maître de cérémonie. « Le poète, vite le poète à enterrer : enterrer sa parole. Enfin ! » L'imam domptera la foule : et ils pourront partir, le ministre des Cultes, le ministre de la Culture, le ministre de l'Information, le ministre...

A peine les rumeurs et les imprécations mêlées ont-elles fléchi que l'imam, s'avançant à nouveau résolu, lance sa première phrase dans un dialecte vigoureux et clair :

— Ô amis du défunt, que Dieu l'ait en Sa sauvegarde, je vous demande, je vous le demande, mes frères, laissons, laissons ensemble Kateb Yacine enfin se reposer.

L'attention se concentre devant la harangue qui ne joue plus que sur la corde de l'amitié et de la simple humanité. Cet écrivain, « ce grand écrivain », précise-t-il, a lutté toute sa vie, a travaillé toute sa vie : « Laissons-le, pour la première fois, se reposer ! » répète-t-il.

Une émotion saisit un groupe de femmes en foulard : l'une éclate en sanglots. Les jeunes se taisent : ainsi, Yacine est vraiment mort. A quoi cela sert d'en faire encore un sujet d'affrontements ?

L'imam prononça sur le même ton deux ou trois phrases puis, conscient du répit obtenu, il se mit, d'une autre voix plus nasillarde, celle d'un ténor en concert, à lire la litanie coranique.

Vers la fin du texte sacré — débité de plus en plus vite, les notables n'osant reprendre en écho les verset —, quelques jeunes, au fond, transpercèrent à nouveau le silence rétabli de deux ou trois slogans rageurs : « Vive la berbérité ! » « Vive l'Algérie libre ! » reprit quelqu'un d'autre. Les noms de Kateb, de Yacine furent à nouveau lancés par des voix claires de femmes et leurs youyous, une dernière fois, éclatèrent en ultimes fusées d'un feu d'artifice.

Le soleil, toujours resplendissant, continuait d'aveugler les groupes qui, à regret, s'éloignaient. Autour de la tombe recouverte de Kateb, il fallut, les jours suivants, réparer les détériorations survenues sur la plupart des sépultures qui l'encerclaient.

Ce furent les dernières funérailles d'une Algérie tumultueuse, certes, mais n'ayant pas encore versé dans le fossé sans fond de la guerre ressuscitée.

En 1990, revenant par train de Lille, où j'avais parlé devant des étudiants, je décidai de m'arrêter à Arras, pour Robespierre.

Le mois précédent, on avait voulu inaugurer sa statue dans sa ville natale, mais cela déclencha un tumulte. On se résigna à la reléguer à l'intérieur du tribunal où il avait commencé sa carrière d'avocat.

Mais j'étais descendue aussi pour Kateb qui avait écrit une pièce sur Robespierre : on l'avait jouée, la semaine d'avant, une seule fois, au théâtre munici-

pal. Je trouverais sans doute une affiche, un rensei-
gnement. (Depuis la mort de Kateb, on cherchait en
vain le texte de cette œuvre.)

Je débarquai donc vers la fin de la matinée, un
jour de printemps, me semble-t-il. Au théâtre muni-
cipal, rien : aucune trace de la représentation.
Devant mon insistance, à un guichet, rien ; pas la
moindre réponse. « Le Bourgeois sans-culotte »,
c'était donc le titre de la pièce ? Non, on ne connais-
sait pas. Kateb Yacine ? Cela ne disait rien aux
employés du théâtre d'Arras. Robespierre, bien sûr,
et les visages se fermaient.

J'ai marché sans relâche dans cette ville si vaste,
aux places carrées et majestueuses, à l'atmosphère
presque de début de siècle. J'avais l'esprit envahi par
ce dernier effort de Kateb, qui l'avait poussé à mettre
ses pas dans ceux du grand révolutionnaire ; pour-
quoi soudain aucun texte, pourquoi cet oubli vorace
pour une représentation récente ?

Je m'arrêtai un moment à l'intérieur du palais de
justice, devant le buste de l'Incorruptible ; héros
presque renié et haï encore ici même, chez lui. Le
silence dans ces lieux...

Et Kateb, à présent, en Algérie ? Certes, après ses
funérailles, on a dit et redit combien les imams des
mosquées intégristes en avaient fait la cible de discours enflammés : il eut droit à toutes les insultes,
à toutes les *fatwas,* lui sans doute riant aux éclats
de l'autre côté.

Ces nouveaux procureurs n'avaient pas lu une
ligne de Kateb ; bien sûr, on avait dû leur parler de
cette *Internationale* chantée au milieu des tombes
musulmanes. Un cheikh, Frère musulman ramené
d'Egypte pour jouer les maîtres à penser, y compris à la télévision d'Etat, décréta même que la
pièce *Mohammed, prends ta valise,* que Kateb avait

écrite sur les malheurs de l'émigré maghrébin en Europe, constituait un blasphème... contre le prophète Mohammed.

Fort de son influence, il avait sermonné publiquement le pouvoir d'avoir ramené la dépouille d'un tel incroyant, de ne pas l'avoir laissé être enterrée en terre chrétienne !

En novembre 89, tout cela était encore mascarade ! Deux ans, trois ans après, l'Algérie se retrouve en pleine tragédie.

Et je pense au Cri de Robespierre, le jour de sa fin, quand on lui ôta le bandage de sa mâchoire fracassée. Un cri, puis un long silence, même lorsqu'il monta à l'échafaud.

Kateb avait désiré, en tentant d'achever cette ultime pièce, l'intituler : « Le cri de Robespierre ». Un cri puis un silence, à l'heure de la fin.

C'est désormais le silence du plus pur de nos écrivains. Depuis octobre 88, un an avant sa mort.

Quatre femmes et un adieu

1. Anna Gréki, née Colette Grégoire en 1931, passe les quatre premières années de sa vie dans les Aurès, à Ménaâ. La fille de l'instituteur pied-noir, laïc et sans doute socialiste, après des études à Collo, puis à Philippeville, ne pourra oublier ce premier paradis.

> *Tout ce que j'aime et ce que je fais à présent*
> *A des racines là-bas*
> *Au-delà du col de Guerza à Ménaâ*
> *Où mon premier ami je sais qu'il m'attendra.*

Vingt-sept ans plus tard, incarcérée à la prison Barberousse d'Alger comme militante communiste aidant la cause nationaliste, elle écrit poème après poème :

> *Mon enfance et les délices*
> *A Ménaâ — commune mixte Arris...*
> *Maintenant c'est la guerre aussi dans mon douar !*

Auparavant, dans les jours de son arrestation, elle a été torturée. Elle a bravé ; elle a « tenu »... et elle en a été marquée à jamais, elle si fine ; son visage lumineux aux cheveux auburn et aux yeux verts, son corps menu, toute sa personne, de force et de fragilité, en gardera une sorte de brume, une souffrance silencieuse et jamais dite — cela, durant les neuf années qui lui resteront à vivre.

Où elle écrira ; où elle se mariera avec Jean, un ami, lui aussi enraciné dans cette terre et qui l'aidera, à sa sortie de prison, quand ensemble, expulsés en France, ils rejoindront à Tunis la direction du combat algérien.

Elle sera marquée, tout autant, par un premier grand amour qu'elle vécut juste avant la guerre d'Algérie : un jeune étudiant de Tlemcen, Ahmed Inal. Il est monté au maquis, alors qu'elle a été arrêtée. Elle ne peut l'oublier ; dans sa cellule elle lui parle :

Avant ton éveil.
Je ne comprenais rien à ce qu'on me disait
Et j'appelais sagesse un désert obstiné
Je n'avais de désirs que pour les déplorer...

Elle passe un an à Barberousse ; en novembre 58, elle est transférée au camp de Beni-Messous. Est-ce alors seulement qu'elle a appris la mort du jeune Inal : au maquis, en combattant ? Rien n'est moins sûr... Peut-être plutôt, hélas, victime de « purges » que décida tel ou tel chef guerrier, à l'encontre de jeunes recrues dont la foi semble tout autant communiste que nationaliste.

Anna Gréki — qui s'appelle encore Colette — apprend les circonstances suspectes de cette perte : alors qu'expulsée en même temps que Jean, elle pourrait enfin goûter cette liberté retrouvée, elle en est désespérée.

La mort du grand amour. Et cet ami silencieux, proche de son combat, qui l'aime en silence. Ils s'épousent et arrivent à Tunis, les premiers mois de l'année 1959.

Le jeune couple tente de réapprendre à vivre parmi la petite communauté de réfugiés algériens ; ils veulent se rendre utiles, renouer les fils pour demain... Jean protège sa femme : il sait bien quand, certains soirs, le souvenir du maquisard aimé revient (« *Où est-il tombé ? Comment l'ont-ils tué ? Vraiment serait-ce possible ? Ses propres frères ?... Ici, à Tunis, on raconte bien... pour Abane Ramdane !... »*) mais elle veut oublier le noir ; elle veut croire... en la Révolution !

Elle est enceinte, heureuse d'avoir un enfant. Elle et Jean, avec leur jeune garçon, rentreront parmi les premiers dans l'Algérie indépendante.

Son premier recueil de poèmes, *Algérie, capitale Alger*, est publié chez Jean Oswald. Force de ces premiers poèmes, alternant avec la fragilité des souvenirs des Aurès. Déjà, des étudiants algériens les apprennent par cœur, scandent :

Je ne sais plus aimer qu'avec la rage au cœur !

Anna, encouragée, se met à écrire continûment. Jean et elle trouvent un appartement : désordre, houle, et parfois, gaieté presque folle des amis retrouvés, perdus et retrouvés... Les morts aussi sont là, comme assis dans le ciel d'Alger, contemplant les ruraux, par familles qui s'installent en vrac dans les quartiers populaires européens.

Anna, parfois, croit voir — en hallucinée ? — le jeune Inal dressé debout, en plein soleil. Non, elle n'ira plus à Tlemcen.

Les deux frères du disparu sont revenus des pays de l'Est. Anna s'assoit face à eux, face à leurs épouses (l'une, une Berbère, ancienne détenue, qui

admire les poèmes d'Anna ; l'autre, une Equato-
rienne chaleureuse). Anna écoute les deux frères,
quête, malgré elle, une ressemblance, un écho...
Elle est absente ; le soir, elle se blottit contre Jean.
Elle s'occupe de son garçon. Elle décide de suivre
à nouveau les cours à l'université et de terminer sa
licence.

Elle écrit ; toujours des poèmes. Se replonger
ainsi dans l'enfance, puis dans le premier amour.

Son angoisse a repris, sans doute en 1965. Pourtant elle obtient un poste d'enseignante au lycée
ex-Bugeaud. Elle y va à pied. Elle a des classes
chargées : tous des adolescents, filles et garçons
mêlés. Elle les initie à la poésie de langue française, à la richesse de la langue. Elle se donne tout
entière.

Une fois, elle ose. Elle écrit sur le tableau un premier vers : il lui a envahi la tête, les yeux, au cours
de sa marche du matin.

— Vous aimez ? demande-t-elle.

— Oh oui ! trépigne une adolescente.

Une autre se lève et récite le début du poème,
gravement, puis, timide :

— Madame, voyez, j'ai compté ! C'est un alexan-
drin !

— Vous voulez la suite du poème ? demande
Anna, le cœur en suspens.

C'est un oui collectif. Et c'est ainsi qu'elle glisse
les scansions qui l'habitent, en plein élan au milieu
de ses cours.

Elle rentre alors chez elle dans un sillon de
silence qu'elle creuse au milieu de la foule populeuse, parfois semi-rurale. Anna ne prête attention
qu'à la rumeur, qu'au ciel là-bas au-dessus de la
darse. Sans doute, grâce au lycée, et surtout à ces
jeunes filles, à leur connivence, si discrète et admi-

rative, Anna se dit que les ombres du passé vont, c'est sûr, se dissiper : malgré les soucis de Jean au travail (ses responsabilités, dans son secteur économique, suscite des jalousies).

Intervient la chute du pouvoir de Ben Bella en 1965. Les militaires arrivent : arrestation des communistes, des anarchistes. Ce qui pouvait rester de la fête va à l'encan. Fuite de quelques-uns ; départ d'autres. Alger se vide de son utopie, qui certes s'épuisait d'elle-même.

Anna apprend l'arrestation de certains proches ; l'un des poètes qu'elle aime, Bachir Hadj Ali, a été, dit-on, terriblement torturé avant d'être éloigné dans le Sud : ainsi la sale bête revient, les tortionnaires sont-ils les torturés d'hier, d'autres... Comment s'est fait le relais : sur une scène cauchemardesque, la place encore chaude, les fers toujours au rouge, simplement la face de ceux qui sont à l'œuvre, intervertissant les masques !...

Au fond de cette impasse ou là, derrière cette façade, cachée par ce mur, oui, la sale besogne restait là, dans l'attente, la place encore chaude ! Les cris d'hier vont reprendre, ou plutôt non, ils se prolongent. « *Si j'apprends une fois qu'une fille, qu'une femme est ainsi livrée à "eux" si... Je me tuerai, oh oui, dans cette ville, je m'élancerai, je me noierai dans la Méditerranée ! Si... »*

Anna, elle, on l'oublie. Au lycée, elle est un bon professeur. Son mari, Jean, n'a jamais été inscrit au parti communiste.

Anna écrit ; avec ses élèves, au lycée, elle est la même : sauf qu'elle n'écrit plus au tableau les poèmes qui lui viennent.

Comme un oiseau nu et la couleur me saute
A la gorge colère couleur océane

Colère de sang tourné couleur de marée haute
Comme un fouet claquant sur les yeux la colère
Noire me coupe le souffle, me coupe les
Bras et les jambes. Couteaux de feu. Jets de pierres
Dans le corps. La colère me bat mes plaies.

L'été 65, Anna téléphone régulièrement à une amie algérienne, partie s'installer à Paris. Alice est psychiatre. La voix d'Anna lui demande de plus en plus régulièrement un calmant, un antidépresseur.

Elles se parlent avec douceur. Alice s'inquiète.

Un jour, Anna annonce au téléphone qu'elle est enceinte : quatre mois déjà. Elle a décidé d'arrêter plus tôt le lycée. Il n'y eut plus d'appel d'Alger à Paris.

Le 5 janvier 1966, Anna Gréki, accompagnée de Jean, entre en clinique d'accouchement : il faut l'aider à sauver l'enfant prématuré de sept mois. Il faut...

Anna a tellement maigri : une transfusion est jugée nécessaire. Dans la nuit, faute du matériel suffisant, malgré des soins arrivés trop tard, Anna meurt. Un accident...

Anna est morte, Alice l'apprend à Paris.

Jean, en s'occupant des obsèques, range le dernier manuscrit de poèmes (il sera publié) ; il découvre aussi un roman inachevé.

« Un accident ? » se répète-t-il à Alger, qu'il ne quittera que plusieurs années plus tard avec son garçon.

Anna Gréki sera enterrée un jour ensoleillé.

> *Le soleil ce matin-là*
> *Avait sa voix de crieur*
> *public*

L'œuvre poétique d'Anna, vibrante de ferveur et de force — elle si vulnérable —, a été traduite en arabe.

2. Taos : ce nom de paonne qui la caractérise plus que tout, elle y est finalement assez tard parvenue, ou revenue.

Issue de parents kabyles christianisés, elle seule fille au milieu de cinq garçons et née en émigration — en 1913, à Tunis —, quoi de plus normal qu'on l'affuble d'un double prénom (comme ses frères, ceux-ci sont nés au village de montagne : ils ont un prénom musulman donné par les grands-parents Amrouche, et un prénom chrétien donné par les pères blancs qui les baptisent).

Cette fillette qui court dans les rues du quartier italien de Tunis, on la nomme Marie-Louise. Son père, gardant obstinément sa chéchia d'origine, va à la messe du dimanche pour chanter les chants grégoriens ; mais à la maison, sa mère Fadhma-Marguerite, habillée comme les Siciliennes, ses voisines, se sent avant tout berbère, malgré son faible pour les poètes français (Lamartine, Hugo) qu'elle a appris à l'école française, là-bas, en Grande Kabylie...

Elle est en rivalité sourde avec sa belle-mère — que Belkacem a fait venir — car le père au village est bigame, ou quelquefois trigramme, selon son humeur. L'aïeule, musulmane pieuse, va dans la médina, fréquente la grande mosquée et tant de sanctuaires ; elle parle berbère en famille.

Taos, ou disons la fillette prénommée Marie-Louise, l'aïeule persiste à l'appeler de ce nom de paonne et c'est ainsi que Taos baigne dès le début dans un bain de langues : celles de la rue, l'italien, le sicilien, l'arabe dialectal tunisois, celle de l'école, le français, bien sûr, qu'elle lit et qu'elle écrit, enfin celle de l'exil et du secret familial, le berbère kabyle dans lequel chaque soir la grand-mère et son fils ont de longues palabres — langue aussi des cris, des conflits (Belkacem avec ses premiers fils), celle en somme du drame quotidien. C'est surtout la langue dans laquelle Fadhma chante dorénavant sa nostalgie et les blessures de son cœur maternel !

Marie-Louise écoute ; mettra du temps pour vraiment écouter : cette source est vraiment la sienne, obscure, dévorante. Elle ira jusqu'à Bône/Hippone (encore un double nom) et, se rappelant la lancinante mélopée de la voix maternelle, elle commencera à devenir, elle deviendra la royale Taos Amrouche.

De 1936 à 1962, long chemin de la jeune fille, de la femme, de la nomade, de la passionnée qui s'installe en 1945 à Paris. Romancière, productrice de radio, ethnologue du folklore ancestral, elle mène une activité multiforme : elle vit ardente toujours et entière.

Elle chante le répertoire maternel, mais jusqu'au tournant des années soixante, elle ne se produit que quelquefois en public.

C'est, sans nul doute, la mort du frère — Jean le trop aimé, lui resté le héros de son adolescence, c'est bien la mort du frère — lui qu'elle a porté à l'instant du passage comme une part, la plus vaillante d'elle-même — c'est cette mort donc, qui, en la grandissant, l'a libérée, et d'abord de ses fureurs, de son narcissisme, de ses passions et souffrances de femme.

Elle va avoir cinquante ans : son corps commence à connaître les premières atteintes du mal. Quinze ans, elle luttera quinze ans contre le cancer qui aura raison d'elle ; pour l'instant sa voix est intacte, elle lui vient du plus profond des siècles, elle devient la pierre même de cette langue à la force indomptable...

Ce jour d'avril 62, elle a chanté pour Jean Amrouche qui a fermé les yeux pour toujours — et c'était le « Chant de la joie ».

De 1962 à 1976, s'inscrivent les étapes d'une lente et sûre ascension de la grande prêtresse : Taos Amrouche. Elle se dresse, elle déclame ; parfois elle enrobe de vocalises — inspirées du flamenco espagnol — la langue si âpre. Elle lui restitue à la fois son authentique rudesse et comme une inconsolable mélancolie.

Sur toutes les scènes d'Europe, dans des salles de concerts — les plus grandes — et dans quelques églises ou monastères, elle est là, quasiment officiant : elle chante a cappella et pourtant elle peuple la scène de sa tribu invisible, des aèdes, des bergers, des femmes de toutes conditions, les joyeuses et les délurées, les capricieuses et les réprouvées. Jusqu'aux chants des pèlerins musulmans qui visitaient, au siècle dernier, Cheikh Mohand ou Lhocine, elle les interprète avec fougue et gravité, elle née de parents christianisés.

Car elle chante d'abord l'héritage ; elle porte, à travers son petit corps enveloppé de la toge virile immaculée, le visage auréolé de bijoux anciens, elle porte dans sa voix magnifique, altière, toutes les racines : celles qui pèsent et qu'on ne peut renier, qui vous attachent, qui vous transfigurent, qui vous projettent au plus haut, au ciel !

La foi de cette cantatrice, combien de grands noms de la poésie, de la musique, des lettres et des arts depuis Olivier Messiaen jusqu'à André Breton qui salue, en elle, « le chant du phénix », en furent éblouis : l'Algérie alors pliait sous le joug ou criait de ses blessures de la guerre. Taos semblait se présenter à nous pour rappeler l'irréductibilité ancestrale, cet orgueil tout gratuit, que d'aucuns trouvaient parfois insupportable...

Taos, dans ses romans — depuis *Jacinthe noire*, écrit avant 40, publié en 47 chez Charlot à Paris et, pour d'obscures raisons, non diffusé, jusqu'à *L'Amant imaginaire*, en passant par *La Rue des tambourins*, si émouvant pour ses souvenirs d'enfance tunisois et kabyles —, Taos laboura ce sillon de l'écriture le plus souvent dans une amère solitude. Elle fut consacrée sur scène, en interprète magistrale de la parole des Ancêtres.

Et j'en viens aux circonstances de sa mort, Taos plus que jamais la paonne — orgueilleuse et toute droite, presque joyeuse devant l'adversité.

Il y eut le premier concert, à Fès, en 1939. Il y eut le dernier, à Amiens, en janvier 1976, trois mois avant sa mort.

Pour l'un comme pour l'autre, la cantatrice a posé pour le photographe : station de départ et halte finale du parcours d'une combattante.

En 39, à Fès : elle a voyagé par train, elle, si jeune, venant de Tunis — encouragée là-bas par Gabriel Audisio ainsi que par Philippe Soupault, le poète surréaliste animant Radio-Tunis.

Elle s'est donc levée, belle débutante, devant un parterre de notables marocains connaisseurs de musique traditionnelle, et devant le directeur de la Casa Vélasquez replié ici.

Quand, sur scène, sa voix ample se déploie, miracle, à l'arrière, des cavaliers berbères du Moyen Atlas lui font escorte et, pour finir, font crépiter la poudre... Elle apparaît telle une guerrière, une Antinéa remontée des sables : jeune fille de vingt-six ans, si frêle pourtant, fixée par la photographie dans sa longue robe de satin blanc, d'une élégance presque sophistiquée, elle, l'enfant de pauvres émigrés kabyles d'hier.

A l'issue de ce premier succès, un Français long et sec, d'apparence sévère et accompagné de son épouse, vient s'incliner devant elle : c'est un connaisseur des multiples musiques berbères. Il se présente : « Docteur Secret ! » murmure-t-il avant de disparaître.

Trente-sept années plus tard, c'est l'ultime concert — alors que la maladie l'a tenaillée les semaines précédentes, Taos a voulu, soutenue par sa fille, se lever, venir jusqu'à Amiens pour se présenter, droite, habitée de la même voix inentamée, et déployer les hymnes, les mélodies, les complaintes devant le public enthousiaste.

Sa précédente soirée, c'était plus de six mois auparavant, la dernière d'une série de représentations données à Paris, au théâtre du Châtelet. Après avoir chanté longuement et comme toujours a cappella, elle avait tenu à faire entendre son message, qui sonna comme un testament vibrant, déchaînant les youyous des femmes et tant d'émotion collective :

— Tant qu'il me reste un souffle de vie, j'ai fait le vœu que ce souffle de vie soit mis au service de ces chants qui sont la gloire et le trésor de l'humanité !

Ce soir, à la Maison de la culture d'Amiens, tandis que, des coulisses, on la surveille et l'on craint qu'elle ne s'affaisse, épuisée mais souriante, elle demeure droite toujours, et patiente devant les multiples rappels du public.

Les rideaux tombent. Sa fille, ses amies la ramènent à sa loge. A peine a-t-elle soufflé qu'un vieil homme, droit et sévère, habillé de noir, se présente devant elle :

— Vous souvenez-vous de votre premier concert à Fès, madame ? En 1939. J'étais médecin en cette ville. Je vous avais félicitée ; j'étais accompagné par ma femme, morte à présent... Je m'appelle docteur Secret, termine-t-il doucement, avant de partir.

Taos se souvenait, de son nom et de leur couple. Elle sourit, remercia, émue. Le vieil homme partit.

Elle se tourne alors vers Laurence, sa fille ; d'un air mélancolique, elle dessine du doigt dans l'espace un cercle fermé :

— Au premier... au dernier concert ! soupire-t-elle. C'est vraiment fini et cet homme en est l'annonciateur !

Elle demande à être reconduite, au plus vite, chez elle, à Paris, aux Batignolles. Elle se couche, sachant, cette fois, qu'elle ne se lèvera plus pour chanter.

La dernière photographie prise, à sa demande, sur son lit de souffrances nous la rend encore plus pathétique.

Elle a eu, ces derniers mois, un vrai succès de librairie avec son roman *L'Amant imaginaire*. Elle a chanté tant et tant ces dernières années ; elle chante dans sa tête, elle fredonne, le matin à l'aube, pour oublier traitement et harcèlement médical.

Elle se prépare.

Elle se prépare au départ. Comme autrefois pour Jean, son frère ; comme il y a huit ans pour sa vieille mère Fadhma qui a laissé *Histoire de ma vie* comme legs si rare aux femmes du Maghreb.

Jean est mort à Paris ; Fadhma en Bretagne.

Seul son père, Belkacem, est enterré au village, à Ighil-Ali. Taos est allée s'incliner sur sa tombe, il y a quelques années à peine.

Elle se prépare ; elle s'allège.

Un matin, avec calme, elle demande un coiffeur. Devant ses proches étonnés, elle donne ordre... qu'on lui rase la tête.

— Qu'on me photographie ainsi ! ajoute-t-elle bravement.

Et, devant le photographe ami, elle sourit : elle présente aux siens, à nous tous, son masque de la soixantaine — son regard nous fixant de si loin, et son sourire ni triste ni contraint, avec l'expression indéfinissable de celle qui s'apprête à partir.

Elle a fini sa tâche, Taos l'exilée, l'enracinée.

Elle fait face à la mort, et puisqu'il n'y aura plus ni fête ni concert, c'est ce face-à-face que la photographie, décide-t-elle, a à pérenniser comme message.

Taos Amrouche est morte quelques jours après, le 2 avril 1976, à Paris. Elle fut enterrée, comme elle le souhaitait, en Provence, près de sa maison pleine de fleurs, à Saint-Rémy : ni trop loin, ni trop près de la terre des Ancêtres.

3. Josie et ses yeux larges de gitane... Et sa voix surtout, de contralto gaie. Car elle riait, elle aimait rire !... Comment vais-je apprendre enfin à vieillir, à présent que Josie Fanon, mon aînée, ne me devance pas par son rire, par sa gouaille ?

Et ma fille — pour elle, Josie fut une seconde mère, durant ses années d'étudiante à Alger —, ma fille, sitôt la nouvelle parvenue à Paris (ce fut la voix de l'auteur du *Déserteur* qui me téléphona, un matin) prit l'avion. Fut présente à l'enterrement.

Resta deux ou trois jours à Alger ; avec Olivier

désormais orphelin, et un jeune adolescent, Karim, le fils de la voisine, lui dont Josie s'était occupée depuis qu'il était gamin.

Ma fille revint à Paris. Se tut longtemps. Finit par me raconter, en une soirée, les dernières semaines, les derniers jours de Josie.

Celle-ci, en juin, avait fait le voyage à la frontière tunisienne pour aller sur la tombe de Frantz. (Alors, j'en suis sûre, elle prit sa décision : le rejoindre.)

A Tunis, elle retourna dans chaque logement qu'ils avaient occupés. De retour à El-Biar, elle prit plusieurs jours pour ranger toutes ses affaires : les photographies, les poèmes qu'elle écrivait, les lettres de Frantz déjà classées depuis longtemps, celles de son fils, de ses amis.

Elle offrit au jeune voisin, Karim, divers cadeaux, « en souvenir de moi », lui disait-elle doucement, quand il protestait ou qu'il prétendait refuser, le cœur alarmé.

Elle veilla à ce que la femme de ménage fût encore plus méticuleuse. Elle s'attarda, je le devine, à écouter chaque matin les bruits des familles voisines, qui montaient de la cour intérieure : je revois sa chambre profonde, pleine de tapis multicolores et nous restions, la fenêtre ouverte comme au-dessus d'un puits, à surprendre les rumeurs qui montaient de là, les rires des femmes, les criailleries des enfants.

J'entends Josie se laisser envelopper par ces rumeurs de la vie algéroise, par ce foisonnement quotidien.

Mais elle a décidé : depuis cette unique visite sur la tombe de Frantz ; elle est résolue.

Elle a téléphoné à son fils à Paris, pour le rassurer : oui, elle reprendra le traitement thérapeutique avec le psychologue de la famille. Oui, il désire l'hospitaliser une ou deux semaines, pas plus. Que son fils se tranquillise, elle le fera. Non, elle ne se sent pas seule : qu'il ne se dérange pas ; il n'a nul besoin de venir.

Elle accepta donc d'entrer en clinique. A condition, dit-elle au médecin, qu'on la laisse revenir le week-end dans son appartement : retrouver ses fleurs, le bruit des voisines, la sollicitude de Karim et de sa mère.

Elle se reposa six jours en clinique. Elle y emporta des livres, de la musique. Elle lut ; elle rêva surtout, regardant de son lit la lumière d'été. Ne parla presque plus.

— Elle souriait en nous quittant, se rappela une infirmière qui ne pouvait oublier la douceur des yeux larges de Josie, sa voix si proche.

Josie retourna chez elle, à El-Biar, le jeudi soir.

— J'y passerai le vendredi ! déclara-t-elle.

L'infirmière l'attendit le samedi. Très tôt, la veille, Josie, dans la lumière de l'aurore, ouvrit la fenêtre de son salon qui donnait sur la rue. Approcha une chaise. Enleva ses chaussures. Une ou deux secondes, tourna la tête vers les chambres où tout était rangé depuis longtemps. Un dernier regard pour les géraniums du balcon à côté.

Dos tourné enfin à son lieu, à sa vie, Josie Fanon s'élança, se jeta du cinquième étage.

13 juillet 1989 ; El-Biar, au-dessus d'Alger. Un vendredi.

Dans sa chute, Josie ne blessa personne : elle seule, elle explosa.

Je rêve à ces trois destins de femmes, sur un peu plus de vingt ans, dans cette Algérie indépendante !

Pour ma part, j'étais revenue au pays le premier jour de liberté. J'y travaillais comme universitaire, mais j'en repartis sur un coup de tête, trois ans après : ainsi, l'on prétendait instituer une autorisation « *pour sortir du territoire* », ainsi, j'allais dépendre, pour mes mouvements, pour mes voyages, des bureaucrates !... Je repartis à Paris, la ville de mes vingt ans !... J'y revins courant 74 pour y travailler à nouveau : enquêtes de sociologie sous la direction de M'Hamed Boukhobza, quête ensuite d'un cinéma à inventer, à la fois du réel et du rêve, et je bénéficiai des conseils, parfois de la simple compagnie, d'Abdelkader Alloula. Je repartis en 79, ou 80.

Je m'installai désormais dans de constants allers-retours, me résignant à cet entre-deux, entre deux vies, entre deux libertés, celle de plonger en arrière, le plus profond, celle de me précipiter en avant et d'entrevoir, à chaque fois, un nouvel horizon !...

Ces trois femmes aussi vont et viennent, entre l'Algérie et la France, hantées par quoi, par la guerre d'hier, par la tenace présence des Ancêtres, du parler de la tribu chez Taos, par les amours d'enfance chaouia chez Anna... Elles vont et viennent à leur manière, ces trois femmes qui écrivent, jusqu'à l'adieu final !

Adieu que je reçois peu après, ou longtemps après, au creux à présent de ce récit des morts, de leur procession que j'ordonne, tandis que j'espère déceler, chez elles, une irrésistible échappée.

J'ai évoqué aujourd'hui ces trois silhouettes, parce qu'elles me manquent : hélas, une écriture de femme que nous aurions été plusieurs à faire émerger, tout près des braseros pleins de braises et de cendres, dans des patios surpeuplés d'enfants piaillant !...

Une écriture qui n'aurait pas été seulement de fuite, tel le vol de la cigogne qui s'apprête à partir, qui, au dernier moment, persiste à observer, du haut des tours, les courettes où restent parquées encore tant de jeunes filles, tant d'adolescentes — le chant en l'honneur de la cigogne devenu un thème récurrent du folklore féminin.

Ecriture de permanence, ou tout au moins d'allers et retours, pour garder souvenance des aïeules qui fabulaient, qui inventaient. Sans écrire.

S'adosser à ce blanc, à ce lent effacement, s'en emplir l'âme tout entière avant, toute droite, d'affronter.

Pas un adieu, mes amies. Pas encore !

4. Une de mes étudiantes, il y a plus de quinze ans, à l'université d'Alger, était devenue, je l'avais su, une pratiquante musulmane sincère.

Directrice d'un collège aux environs d'Alger, elle allait au travail les cheveux couverts d'un tchador blanc et brodé. Elle avait semblé trouver là, dans son métier et son choix de vie, en ayant aussi élevé deux enfants à leur tour étudiants, un accord intime avec ce pays en mutation : sans doute, me disais-je, le statut d'origine de son père — un Allemand converti à l'islam, venu il y a longtemps dans cette ville du Nord où il s'était marié et avait fait souche — avait, un moment, pu quand elle était très jeune, la fragiliser ! « Suis-je vraiment de cette terre, de ce pays qui se cherche ? » devait-elle parfois se dire.

Je me souviens de son beau visage, de ses yeux si clairs ; je me souviens même de ses travaux qu'elle me rendait, particulièrement sur le théâtre.

J'ai tenté d'imaginer, quinze ans après, son front, son regard auréolé de ce satin blanc de la coiffe, après tout semblable aux citadines traditionnelles de mon enfance, celles-ci alors séquestrées.

Or ce fut elle, sans doute pacifiée grâce à cette existence d'enseignante, dans son travail ayant à régler chaque jour le destin de jeunes gens à la recherche, à leur tour, d'un savoir, d'un métier, d'un avenir, ce fut elle qu'on prévint, un jour d'octobre 1994, dans son bureau :

— Madame, deux policiers, chez la concierge, demandent à vous voir !

Au téléphone, elle ne manifesta pas de surprise.

— Faites-les monter !

Juste après, elle se tourna vers la secrétaire ; le visage soudain pâli, elle murmura :

— Sortez, mais restez à côté : c'est pour moi qu'ils viennent, je le sais !

La secrétaire, machinalement, obéit, remarquant peu après la note d'inquiétude, ou plutôt une sorte de pressentiment angoissé.

A peine la jeune fille, troublée, s'assit-elle à côté que, derrière la porte, après le bruit de l'entrée des policiers, le mitraillage commença : ils tirèrent à bout portant sur la directrice aux cheveux masqués de blanc...

« De faux policiers ! Ce sont de faux policiers ! » hurlait-on dans les couloirs, tandis que les deux exécuteurs, reculant calmement tout en tenant en joue la foule apeurée, prenaient le chemin de la sortie.

Cela faisait un mois que « les fous de Dieu » avaient décrété la grève des écoles qu'ils voulaient imposer à la population — lointain écho, sans doute, de cette « bataille d'Alger » qu'avait imaginée, puis organisée, durant sept jours de grève générale, Abane Ramdane.

Certains, néanmoins, pour expliquer le meurtre de cette enseignante, rappelèrent qu'un an auparavant un imam, très connu, de la même mouvance d'un islamisme pacifiste, fut enlevé à Blida — de la ville d'où était originaire la directrice. Il manifesta un refus entêté de cautionner, par quelque déclaration aux fidèles, la violence au nom de l'islam.

Entêté jusqu'à l'héroïsme, le cheikh Bouslimani fut sans doute torturé et, après plusieurs jours où sa conscience morale se maintint ferme, il fut assassiné.

Procession 3

1. Maintes fois, je me suis demandé comment s'est faite la passation dans cette capitale du soleil, la passation entre tortionnaires ?

Pendant les mois de « la bataille d'Alger », en 1957 ? Les paras français, avec leur prestance, leurs bottes de cuir, leur vigueur d'hommes bien nourris, leurs ordres aux tiers, aux servants muets, et le gris étincelant des instruments métalliques, et l'atmosphère embrumée, le dessin net des fils électriques, l'eau au sol dans laquelle on patauge, mêlée de sang et d'urine, chaque salle de torture succédant à une autre salle de torture... Naturellement, le plus simple, se boucher les oreilles, tout regarder comme en peinture, se murer aux râles, aux cris, aux voix rauques qui harcèlent : pur spectacle, cauchemar d'un bleu froid !

Sur les hauteurs d'Alger, autrefois; à El-Biar, au Clos-Salembier, dans de belles villas mauresques transformées en laboratoires humains, tenez, je pense soudain à ce fou romantique, à ce poète, écrivain, philosophe français qui est allé y voir de ses yeux, je veux nommer Maurice Clavel qui rapporta, de cette descente en enfer algérois, un roman, Djamila, *qu'il m'offrit en 1958 dans les escaliers de mon éditeur...*

Oui, je me le demande, près de quarante ans après, est-ce à ce moment-là que, dans ces palais de l'horreur, l'un des torturés se mit avidement, au terme de ses supplices, à désirer un jour être lui-même tortionnaire ? La prestance sans doute de l'inquisiteur qui commande aux hommes-chiens, qui parade avec sa toute-puissance !

Fut-ce ainsi, au cœur d'Alger livré à l'épouvante, au risque de céder, de donner les autres, à cette hantise de hurler sans fin, fut-ce dans cette ombre poisseuse de la ville que se fit peu à peu la passation ?

Aussitôt après 1962, peut-être même avant : des policiers de métier, des Algériens qui se voulaient patriotes, luttant pour l'indépendance, apprirent aussi les « pratiques spéciales » auprès des professionnels des pays frères, des Etats amis... Cette fois, nul renversement de rôles, une banale transmission : une assistance technique. Des pratiques ordinaires pour futur Etat hélas très ordinaire.

Bachir Hadj Ali, poète, musicologue et pendant longtemps secrétaire du Parti communiste algérien, subira des tortures répétées et éprouvantes, dès son arrestation en septembre 1965.

Ainsi la pratique hideuse réapparaît, et en toute bonne conscience, sans le prétexte de bavures, presque pour raison d'Etat. Interrogatoires musclés déjà dénoncés dès le lendemain de l'indépendance, mais en catimini : et toujours, murmurait-on ici ou là, par des professionnels trop zélés, bien formés à l'extérieur ! Déjà.

Mais les tortures que décrit avec précision Hadj Ali dans son texte *L'Arbitraire* (paru aux éditions de Minuit en 1966, et en édition algérienne seulement en 1991), ce procès-verbal de la torture resurgie s'inscrit dans le même sillage que *La Question* d'Henri Alleg, de 1958. (Sauf que la presse indépendante n'existait pas alors en Algérie ; sauf que les intellectuels qui pouvaient en faire sujet à diatribes et interpellations publiques sont soit exilés, soit réduits au silence !)

L'Arbitraire décrit par le menu, avec presque un œil espiègle (la gaieté si particulière à Bachir, enfant de la Casbah), plusieurs visages de tortionnaires, auxquels il prête des masques plus significatifs que leur identité : il y a « le Sanglier, tête d'épingle sur un bloc très brun de chair et de graisse », puis « el-Halouf faux dur, dégoûtant et pitoyable » ; il y a aussi « Belzébuth le singe de Mouzaïa, caché toujours derrière ses lunettes noires et qui sautille nerveusement pendant les tortures », il y a « la Gouape, chat sauvage » que le silence du supplicié « faisait enrager » et enfin, « à la tête de cette usine, le Rouquin, un tortionnaire socialiste soucieux de l'unité des militants révolutionnaires au sortir de la baignoire ! ».

Surtout, le témoignage dénonciateur se mue peu à peu en texte lyrique, en poèmes d'amour écrits au sortir de cette géhenne — subie en plusieurs lieux d'Alger (quelquefois les mêmes qu'en 1957).

Après quatorze jours de grève de la faim et avant d'être transféré à Lambèse, puis à Aïn-Sefra, le poète conclut fermement :

« J'entrevis le point faible du dispositif ennemi. Je m'y infiltrai, je m'y blottis et fortifiai mon silence... Je sors de l'épreuve avec mon honneur de militant sauf, avec cette conviction qu'une cause est perdue dès lors qu'elle se défend par la torture ! »

Puis il se laisse aller à une jubilation d'amour pour Lucette, sa femme :

Hier
Je t'aimais et la flamme consumait le bois
Je t'aimais et le sel enrichissait le sang
Je t'aimais et la terre absorbait la pluie
Je t'aimais et le palmier s'élançait vers le ciel...

Est-ce la marée haute de l'intensité d'amour parvenant à tout engloutir, y compris l'horreur du monde ? Le visage de Lucette réussit, Bachir encore en cage, à effacer la présence des bourreaux, l'obsession des cris des compagnons (« les frères criant de douleur, que je sais vivants ; et de les entendre vivre me rend plus fort ! »). Indéfectibles optimisme et vaillance de ce poète qui, dans la traversée de ce long enfer, reste vivant : c'est-à-dire joyeux, c'est-à-dire amoureux, c'est-à-dire célébrant encore la lutte d'hier (comme dans ses poèmes pour le 11 décembre 60).

Ce garçon de la Casbah d'Alger, ce fils de docker qui doit renoncer, à seize ans, à ses études, connaîtra, dix ans après, les prétoires de la justice française où il déclare fermement, juste avant 54 :

« De même que les cours de Louis XVI ne pouvaient trancher le conflit entre la royauté et le peuple de France, il n'appartient pas aujourd'hui aux tribunaux de régler un conflit qui oppose des oppresseurs à des opprimés. Rien n'empêchera les Algériens d'aimer la liberté ! »

Bachir Hadj Ali, familier surtout des musiciens populaires de son quartier natal, lui qui traversera la lutte d'indépendance dans une totale clandestinité, en avril 56 c'est lui qui parlemente avec Abane Ramdane d'une façon très serrée avant d'accepter que « les maquis rouges » soient absorbés par ceux du F.L.N.

C'est cet homme qu'on arrête, qu'on torture, à l'arrivée de Boumediene : la torture pour raison d'Etat s'abattant autant sur l'extrême gauche que sur les communistes. Tout le long de ses années en résidence surveillée, à Aïn-Sefra, il a écrit une lettre par jour à la femme aimée. Le dit d'amour traverse toute son œuvre, comme cette écoute tenue, scrupuleuse, des musiques chaabi pratiquées par les artisans, et de l'andalou savant et ancien...

1974 : intervient le répit politique. Bachir Hadj Ali, libéré légalement, peut reprendre une vie algéroise au grand jour.

Ma question première reste la même, ouverte, amère. (Hadj Ali que j'ai connu alors, le plus souvent sur la plage avec ses amis et sa femme, aimait rire, plaisanter, évoquer mille détails de la vie... « Même quand il décrivait ses tortionnaires, ou des incidents de la vie de prison, murmure Nadjet, l'une de ses proches, il riait, riait ! Certes, parfois son rire ne s'arrêtait pas... Je l'entends encore. »)

Ma question première demeure suspendue : comment, dans Alger, ville noire, s'est opérée la passation entre bourreaux d'hier et ceux d'aujourd'hui ?

La question fera ressac, et avec quel ébranlement : exactement en novembre et décembre, après l'insurrection d'octobre, à Alger.

Les jeunes adolescents tués par centaines par l'armée pour le rétablissement de l'ordre, aussitôt après les arrestations se multiplient : et comment ? En reprenant les fichiers de 65, de 66, de 67... Les bourreaux ont une mémoire par fiches et dossiers, et ineffaçables rapports.

La première manifestation de résistance démocratique se concentre enfin là : lutter contre la torture, la dénoncer haut et fort. Un livre, *Le Cahier noir d'Octobre*, qui sera publié à Alger, sera le troisième jalon de cette littérature de dénonciation et de témoignage : *La Question*, en 58, *L'Arbitraire*, en 66, et, enfin, ce *Cahier noir*.

A cette date, fin 88 et début 89, tandis que le parti unique vole en éclats, que tant d'intellectuels se manifestent dans une lutte pour la démocratie, Bachir Hadj Ali, poète, est malheureusement ailleurs. Vivant, mais ailleurs.

Son précédent recueil de poèmes s'intitule *Mémoires clairières* et a paru en 1978.

Déjà, à cette période, depuis un an ou deux, la mémoire de Bachir est vrillée, quelquefois quotidiennement, de blancs qui le torturent. Lucette a toujours travaillé comme enseignante ; en partant le matin, elle lui dit son heure de retour, quelquefois un rendez-vous fixé au centre-ville, chez des amis proches.

A peine est-elle partie, à peine a-t-il fini de travailler à ses textes, ou à son étude sur les musiciens traditionnels de la Casbah, que l'heure fixée pour les retrouvailles se trouve, dans son esprit, avancée : il est trois heures, sa femme ne revient pas, il s'affole : sûrement, c'est un accident. Il téléphone aux amis, quelquefois à un ou deux hôpitaux. Devant cette angoisse nouvelle, Lucette organise désormais par écrit son horaire, leurs rendez-vous.

N'importe : il croit chaque jour perdre ses clefs, ou il s'imagine enfermé : de nouveau séquestré. Il s'impatiente, court dehors ; affolé, il perd son chemin. Ses fils le recherchent. Il se calme ; il retrouve mémoire claire ; il s'apaise.

Il n'a pas soixante ans. Les premiers médecins qu'avec sa femme il consulte à Alger, à Paris, à Bruxelles, ne décèlent pas tous les signes avant-coureurs de la maladie d'Alzheimer. Lorsque Lucette évoque, parmi les tortures subies par

Bachir treize ans auparavant, en particulier le supplice du « tambour allemand » (les coups de gong, à l'infini, sur un bidon enfermant la tête de la victime, ne la laissant pas échapper à un tel lancinement), un ou deux praticiens constatent :

— Ces tortures-là n'ont rien arrangé à peut-être une vulnérabilité de départ !

Des soins constants lui sont assurés, notamment un traitement de réactivation de la circulation dans le cerveau. Bachir continue son activité politique : nous sommes en 1980. Au cours de certains discours, sa voix a un suspens ; il rougit, a une soudaine colère qu'il domine... Le fil du raisonnement revient ; il sourit.

Une nouvelle souffrance le saisit quand il s'aperçoit que, dans ses travaux de musicologie, son ouïe ne perçoit plus les sons très aigus. Vérification faite, ce processus de perte est irréversible.

« Cela, oui, pense-t-il, ce sont bien les effets du "tambour allemand" ! »

Son étude minutieuse, menée jusque-là de longue haleine, sur le chantre chaabi de la Casbah, M'Hamed el-Anka, il comprend soudain qu'elle va rester inachevée. Mais c'est quand, un jour, il constate que sa main avec un stylo défaille qu'en lui l'écrivain renâcle : torture plus vive encore.

C'est à cette époque, sans doute, qu'il fait promettre à Lucette que, s'il doit se voir diminué intellectuellement, elle doit l'aider à s'en aller ! Elle promet. Elle ne pourra jamais tenir ce serment.

Dernière échappée : un jour, seul, il quitte la maison, va vers la plage, cherche, cherche désespérément la mer... S'en est approché sans nul doute, a marché dans les vagues, a regardé le ciel, peut-être des enfants riant au loin, sans doute a-t-il entendu des voix de femmes cachées, une rumeur... Il est revenu lentement, ayant oublié, au milieu des bruits de la vie menue et paisible, son intention première. Il a mis du temps pour retrouver la maison, les siens angoissés qui, en tous sens, le recherchaient.

Il est arrivé, souriant, rêveur.

— La mer, je voulais la mer ! dira-t-il doucement entre les bras de Lucette qui a compris.

Qui a dorénavant organisé, autour de Bachir malade et qui ne guérira plus, un tour de garde.

Longues années où Bachir ne peut plus écrire, ne peut plus ensuite parler, peut de moins en moins bouger. Ne se rassérène qu'en présence de Lucette. Ses fils sont là. Ses compagnons de lutte viennent régulièrement. Mohammed Khedda reste des heures à lui montrer sa peinture, ses dessins. Ils écoutent ensemble de la musique : la traditionnelle algérienne, mais aussi Beethoven et Mozart.

Bachir est vivant. Bachir est ailleurs.

Le 4 mai 1991, Khedda le peintre succombe à un cancer du poumon.

Le lendemain matin, Lucette, au-dessus du lit du malade, a répété doucement à Bachir :

— Ne t'inquiète pas si je m'absente un peu... Je vais à l'enterrement de ton ami, de ton ami !

Bachir a compris ; il l'a attendue cette fois avec calme, et pas dans l'angoisse habituelle. Mais dorénavant, il refuse toute nourriture. Khedda, il le voit courir, s'envoler devant lui, là-bas, à l'horizon. Il désire le rejoindre.

Bachir Hadj Ali meurt le 10 mai 1991.

Quelques jours après, Tahar Djaout, en écrivant longuement sur Hadj Ali, dans *Algérie-Actualité*, conclut :

« Heureusement que les artistes ne vivent pas

que par leur présence physique, qu'ils nous lèguent, au-delà de ce que la nature doit leur reprendre, les fruits des arbres qu'ils ont plantés. Car sinon, comment imaginer une Algérie sans Issiakhem, sans Mouloud Mammeri, sans Kateb Yacine, sans Mohammed Khedda et Bachir Hadj Ali ? »

Deux ans après exactement, en mai 1993, c'est l'auteur même de cette oraison qui, à son tour, manquera à l'Algérie des poètes et des artistes. Tahar Djaout, un jour de mai, à l'aube, sera tué par balles à bout portant.

2. Mais qui, quel adolescent, au bout de sa course de la folie libérée, a tué Tahar ? Mais qui, quel jeune guerrier est allé jusqu'aux frontières du Pakistan, a frémi, prié puis tué pour les frères d'Afghanistan, est revenu dans son quartier d'Alger, éclairé d'une auréole, se donnant par jeu, par ivresse, le titre d'« émir », se mettant à soigner sa mise, sa barbe, sa toge, sa démarche dans les rues du quartier retrouvé, oui, quel guerrier, dans la béance, la colère, dans la fureur du groupe chevauchant la révolte autrefois sourde et qui se cherche une face, allant s'abriter dans les collines et les forêts de l'Atlas, quel chef nouveau, dans le désespoir mis en scène de ses vingt-cinq ou trente ans, a enfin connu le pouvoir d'avoir des hommes à lancer contre la ville — ville pourrie, avilie, gonflée d'argent, de policiers, de...

Soudain, c'est décidé, cet émir, son émule à côté, son rival tout près, tous se donnent le mot :

— Tuons ici aussi des communistes, comme en Afghanistan, hier ! Lâchons nos sbires, nos garçons dévoués contre ces prétendus lettrés qui écrivent, qui signent et revendiquent ce qu'ils écrivent, qui...

— Vous avez dit Djaout ?

— Un communiste ?

— Un journaliste, c'est pareil !

— Un agent de l'étranger, de l'Occident, de la France, de...

— Qu'il soit donc le premier de la nouvelle liste !

L'émir choisit deux garçons, à peine sortis de l'adolescence. Ils ont le regard étincelant de ceux qui veulent donner leurs preuves à ces héros, partis si loin, revenus de nulle part.

L'un des chefs jette à la poubelle le dernier article que ce Djaout a écrit. A quoi bon lire ? Il parle de liberté, cet intellectuel ? Et la foi en l'islam, cela ne lui suffit pas ? Il parle d'un Etat laïc ? Il aurait dû rester à Moscou, c'est sûr qu'il vient de là-bas !...

Les jeunes convoqués attendent. Ils portent chacun une arme. Le premier dit, sur un ton neutre, que ce sera la première fois qu'il visera un homme ! Tout le monde sait qu'il est, à l'entraînement, le meilleur tireur. Le second ne dit rien. Des cibles, il en a déjà eu. L'essentiel, pour lui, est de ne pas en rater une seule.

L'émir, l'allure soignée, tel un acteur jouant ce nouveau rôle, sa main caressant sa fine barbe brune, les invite à partager sa prière, sous le chêne, derrière la colline.

C'est lui qui psalmodie toute une sourate. Il sait sa voix pure. Il veut récompenser à l'avance les deux envoyés, qu'ils s'élancent ensuite armés, leur esprit plein de cette voix de ténor ; ainsi, se dit-il, quand ils lui tournent le dos et descendent vers la plaine, puis, de là, vers la capitale, ainsi, enveloppés de la présence du chef, ni le premier tireur ni le second n'aura la main qui tremblera...

Qui, lequel des deux envoyés va courir, va, fié-

202

vreux, arriver au petit matin à la cité — leur cité — où habite ce Djaout, directeur depuis des mois du journal *Ruptures* ?

Aube de la rupture pour l'écrivain qui, ce jour-là, est sorti après un long regard sur la photographie d'Arthur Rimbaud, seule image épinglée au-dessus de la table de travail.

Une fillette de huit ans, Kenza, a entendu, de son lit, son père marcher dans le couloir, puis claquer la porte. Elle est restée allongée à rêvasser : « Il faudra que je lui dise, ce soir ! J'ai hâte d'arriver aux vacances, retourner à notre village de montagne, courir sous les oliviers !... Il faudra ! »

Eclate, dehors, le crépitement saccadé, interminable, d'un mitraillage. La fillette s'est retrouvée dans le couloir, courant pieds nus, ouvrant la porte, se dressant sur le seuil, au milieu des premiers voisins qui se précipitent. La voiture du père disparaît au fond, en trombe. Là, tout près, quatre hommes baissés autour d'un corps à terre.

— Mon père !

La fillette a cru crier : les deux mots n'ont pas jailli.

— Tahar ! hurle sa mère, derrière.

Ces deux tueurs, ces assassins, ces meurtriers, qui sont-ils ?

Dix jours après, dans le noir d'une chambre, ils fixent la scène de l'enterrement, filmée par une télévision française et reçue en direct. Les jeunes gens regardent l'écran : c'est donc bien un poète celui qu'ils ont visé, qui est resté huit jours dans le coma et qu'on enterre aujourd'hui... Un poète ? Non, un journaliste, un communiste, c'est l'émir qui l'a dit. Cette télé ment, c'est normal.

Sur l'écran, voici que la mère de Tahar improvise sa douleur. L'un des hommes, dans le noir de la chambre, traduit les mots berbères.

Le monde autour, les visages, la sobriété des lieux, la peine nue des autres femmes. Celui à qui l'on a traduit les mots maternels murmure que l'émir s'est peut-être trompé de nom... L'autre rétorque que le chef sait, qu'il ne peut se tromper. Silence dans le noir de la chambre.

Le premier se lève, coupe le son de la télé. Il veut seulement voir les images du deuil, ce deuil qui est leur don, leur cadeau. Il n'a nul besoin des mots trompeurs, des mots français !

Qui, quels adolescents ou quels garçons complices, hébétés, hésitants, enfiévrés et finalement rageurs, l'arme au poing, lesquels ont tiré, n'ont pas tiré, ont cru rendre justice en demandant tout d'abord à Tahar, installé dans sa voiture et prêt à démarrer :

— C'est toi, Tahar Djaout ?

Tahar a baissé la vitre, a souri, vaguement, mais vraiment (l'un des tueurs revoit ce sourire, même pas hésitant et point de simple politesse ; non, un sourire).

— C'est toi, Tahar Djaout ? répète l'homme.

Et Tahar a commencé sa phrase :

— Que me veux-tu ?

Ou, plus exactement, il a répondu :

— Oui, que me veux-tu ?

(Ainsi, il a dit « oui » avec bonne foi, avec calme, et encore ce sourire !...

— Il a dit « oui » comme il aurait pu dire :
« Oui tire ! »
« Oui, tue-moi ! »
« Oui, me voici pour le sacrifice ! »
« Oui, je me présente à cause de mon écriture ! »
Il a dit : « Oui. »)

204

Celui qui a traduit les plaintes de la mère en berbère, celui-là ne fait que ressasser, que revivre la
dernière minute de ce Tahar, lorsque sa main des-
cendait la vitre, l'autre main posée sur le volant, et
cette ombre du sourire finissant.

Celui qui l'a interrogé soliloque dans le noir de
la chambre. Il s'est levé ; il a éteint la télé, a inju-
rié la télé des Français. A craché par terre. Ce n'est
pas lui, le premier, qui a tiré et par deux fois à la
tête ; c'est son collègue qui le fixe maintenant avec
sévérité :

— Tiens-toi tranquille ! Ils vont venir demain,
ou peut-être même ce soir, nous chercher pour
monter !

Les armes ont disparu. Ils se sont rasés, ce
matin. Ils vont s'habiller comme des bourgeois, fils
de bourgeois. Ils sont jeunes ; ils se trouvent beaux.
Ils attendent de rejoindre les maquis. D'autres les
remplaceront. Deux ont hérité de leurs pistolets.

Qui, quels meurtriers sont allés au bout de leur
course, de leur mission commandée par l'émir
là-haut qui va les féliciter, quels hommes d'armes
ont couru, ont marché jusqu'au seuil de la maison
de Tahar, pour le héler — lui, leur souriant
—, pour lui tirer dans la tête, puis sortir le corps
affaissé, l'abandonner au sol, et fuir dans la voiture
de la victime ?

Un quart d'heure plus tard, le véhicule abandonné, ils ont rejoint ce premier abri. Ils changent
leur visage, leurs habits, leur apparence. Celui qui
rêve, même après avoir éteint la télé, finit par dire
dans le noir :

— Tu vois, si c'est moi qui tombais, là-bas, au
village, ma vieille pleurerait comme celle de ce
Tahar ! Sauf que...

— Sauf que ? reprend l'autre exaspéré.

205

— Sauf que, pour ma mère, la télé des chrétiens ou celle des salauds d'ici ne se dérangera pas, c'est sûr !

Ils se taisent et attendent dans le noir de la chambre.

Le reportage sur la mort de Tahar Djaout a continué. Un journaliste, devant le regard de Kenza, lui a demandé :

— Toi quand tu seras grande, que choisiras-tu comme métier ?

Et Kenza, les yeux brillants :

— Je veux écrire ! Ecrire, comme mon père !

Un remords du nom d'Amirouche

Voici qu'arrive le temps des égorgeurs ! Arrive ? Non, hélas, ce temps sanglant était déjà là, s'était glissé entre nous, au cours de la guerre d'hier, et nous ne le savions pas. Et nous ne l'avons su qu'après 1962 : ici aussi par des bribes d'aveux vagues, de confidences à demi suggérées.

J'ai lu, un beau jour, la chronique du journaliste Yves Courière, publiée en 1970, et inspirée, nous l'avons su assez vite, par Krim Belkacem — celui-ci parlant, semble-t-il, à cœur ouvert, au moment où il versait irréversiblement dans l'opposition au pouvoir de Boumediene qui se renforçait. Pour avoir cautionné lui-même (et même y avoir directement contribué) l'ère des liquidations, il éprouva sans doute le besoin d'une parole vers un témoin neutre.

Je lus l'épisode de la « bleuite », danger où tomba le colonel Amirouche qui avait succédé, en 1957, à la direction des maquis kabyles. Amirouche qui avait commenté l'assassinat d'Abane par l'argument que cette mesure intervenait trop tard ! Abane lui-même n'avait-il pas dit, à Tunis, que, dès le congrès de la Soummam, parce qu'il avait reproché à Amirouche et à Mohamedi Saïd leurs méthodes expéditives sur la population (notamment le sinistre épisode de Mélouza), Amirouche avait été tenté de se venger en le supprimant ! Le seigneur de la guerre, dans sa brutalité, face au leader politique qui tente de surmonter les conflits personnels par une stratégie, une pensée, un idéal à construire en action collective ! Utopie d'Abane, qui fut ensuite celle de plusieurs autres combattants, lesquels, eux aussi, pour une grande part, paieront cet idéalisme de leur vie. Morts douteuses, ici aussi, que l'on déclara survenues « au champ d'honneur » !

La « bleuite », donc.

La lutte ne se passe plus entre deux camps, pour une Algérie encore française ou pour une Algérie enfin indépendante. La « bataille d'Alger » se termine avec l'arrestation de Yacef Saadi et la mort d'Ali la Pointe, en septembre et octobre 57 ; on débouche sur une scène soudain embrumée, où évoluent les « bleus de chauffe » du capitaine Léger (cet ancien de la Résistance française, puis de la lutte contre les Viets qu'il « retourne », ce spécialiste de la guerre secrète, à double et triple visage, va occasionner aux maquis kabyles de bien lourdes pertes !).

Anciens collaborateurs de Yacef Saadi, mais « retournés » les uns à force de torture, d'autres sans contrainte, les uns compromis ouvertement, mais d'autres (Guendriche, Hani, « Ourdia » la brune) devenus agents doubles dans la capitale, et ce, dès l'été 57, ils travaillent plusieurs mois, sous la houlette de Léger, à une opération réussie contre l'état-major d'une zone de la wilaya III d'Amirouche, cela en janvier 58.

Est donc venu le temps de la suspicion, de la confusion, de la trahison : les maquis kabyles ont tenté de faire renaître le terrorisme urbain de la capitale ; or, en moins de quatre mois, l'échec a été flagrant. D'où la méfiance accentuée des maqui-sards, montagnards et paysans, envers ces recrues des villes, montées en masse après la grève des étu-diants en 56, jeunes gens peu préparés, encombrés de leur bonne volonté, de leur foi... et de quoi d'autre encore, de leur savoir (des diplômes de l'école française, même de petit niveau !). Mais quoi, avec cette connaissance du français, quelque-fois leur origine sociale aisée, pourquoi, se disent les *djounouds*, ces jeunes s'engagent-ils pour la « révolution » ? Suspects, ils leur deviennent !

Le complot de Hani et Guendriche dirigé par le capitaine Léger était en effet bien réel. Or Léger, dans le cadre cette fois du B.E.L. (Bureau d'études et de liaison) du général Salan, décide de perfec-tionner le piège, de le rendre plus maléfique encore. Tout un programme : « Que le terrorisme se retourne contre lui-même ! » explique-t-il.

Procédé raffiné : si l'on a affaire à des agents nationalistes qui « tiennent », qui ne peuvent être « retournés », que de multiples entretiens de séduction laissent inébranlables, eh bien, faisons mieux : utilisons cette sincérité envers leur orga-nisation pour en faire, malgré eux, des boome-rangs creusant encore plus la suspicion dans les montagnes, là-bas.

Ainsi de la pauvre « Roza », une jeune militante devant laquelle, au cours d'interrogatoires, Léger laisse traîner de prétendues lettres signées d'un chef du maquis, quelques billets utilisant des renseigne-ments minutieusement collectés. On laisse finale-ment la jeune fille rentrer chez elle, avec obligation de se présenter régulièrement pour contrôle. Quel-ques jours après, elle fuit, monte au maquis, croyant trouver délivrance !

Mais elle devient, malgré elle, suspecte, et justement là-bas. Deux ou trois autres agents non manipulés, mais utilisés de même malgré eux, se retrouvent, comme « Roza », sujets à interrogatoires musclés : Amirouche a, dans son entourage, des inquisiteurs experts en la matière : leurs procédés de torture, plus rudimentaires mais tout aussi efficaces que la « gégène » des villas des hauteurs d'Alger, entrent en action.

Le processus est déclenché ; il s'emballe. Deux ou trois innocents, à tort persécutés, donneront les noms qu'ils ont cru intercepter chez Léger : comme par hasard, des militants sûrs, des cadres expérimentés et... diplômés, parlant français ! Nul doute, des agents de la France !

La chasse est ouverte : sus aux étudiants qui sont hier montés en masse, aux intellectuels venus des villes pour se fondre dans l'esprit révolutionnaire des « masses paysannes », aux jeunes parlant et écrivant le français, à qui encore... Du printemps 58 à mars 59 (lorsque Amirouche meurt au combat), la grande purge orchestrée et développée jusqu'à l'obsession par celui-ci et ses hommes de main sévit sans discontinuer : le redoutable colonel tente même de conseiller sa « purification » aux autres wilayas.

Les chefs des Aurès n'accepteront pas, y verront une paranoïa dangereuse d'Amirouche, la direction de la wilaya IV, proche d'Alger — où régna pourtant un réel esprit démocratique avec des cadres particulièrement politisés — chancela un moment dans cette hantise du complot. Se ressaisit.

Résultat de cette « épuration » : deux mille, dit-on, peut-être même trois mille jeunes — de seize à vingt-cinq ans environ —, plus évidemment quelques femmes !

Ainsi, ils parlaient, ils écrivaient le français, ils avaient donc sucé « l'esprit français » dès l'enfance : suspects de lâcher au premier interrogatoire, peut-être même de pactiser avec ceux qui les cerneraient, les arrêteraient... Oui, par nature, de par cette nouvelle langue, c'étaient fatalement eux les premiers « traîtres » ; traîtres malgré leur adhésion juvénile, malgré leur élan à monter au maquis, à vouloir vivre, soudain heureux, parmi les paysans !... Des traîtres sans le savoir en somme : c'était sûr, au premier danger ils lâcheraient, ils déserteraient ! Oui, supprimer les branches trop vulnérables des arbres qui doivent se dresser haut.

Et Amirouche, le doigt vengeur (mais pour venger quoi ?...), de donner l'ordre une fois, dix fois, d'égorger cette jeunesse !

Les égorgeurs d'intellectuels — entendez par là des jeunes gens heureux d'écrire, de transmettre le savoir, de se vouloir, eux, les instituteurs. Ils sont là, ces meurtriers, autour d'Amirouche (celui-ci reposant à présent au Carré des Martyrs, à El-Alia, à Alger). Ils se dressent, quelques-uns déterminés, transformant leurs propres enfants en moutons de l'Aïd, pour la grande fête du sacrifice d'Abraham, ne ressentant même pas une once de l'angoisse du prophète biblique, n'attendant nul arrêt de la clémence divine, non, se précipitant à la gorge de ces jeunes héros, pataugeant dans ce sang, essuyant ensuite le couteau avec l'effrayante bonne conscience de l'homme du troupeau obéissant aveuglément au chef obtus.

Amirouche et ses deux mille, ses trois mille égorgés !

Un jeune cousin de ma mère dont je me souviens, juste avant 1954. Jeune, frêle, la fierté de sa mère, une matrone pieuse et raffinée : son fils unique.

J'appris qu'en 1956, il entra comme assistant cameraman à la toute récente télévision d'Alger. Soudain, alors que sa mère préparait ses fiançailles, il « monta » ; ainsi disait-on pour ces départs au maquis — ils furent toute une équipe bien constituée et homogène qui rejoignit les maquis kabyles les plus proches, pour un « service Information » de la résistance.

Sa mère pleura, se consola par une fierté doucement patriotique : le fils ne se mariait pas encore, mais il était déjà un héros !...

Il fut une des victimes d'Amirouche ; égorgé lui aussi, très probablement. Sa mère, en mourant, était toujours persuadée que son seul fils avait été tué au combat.

Ainsi de la majorité des familles en 1962, quand deux mille jeunes, instruits et francophones, ne revinrent pas, deux ou trois mille sacrifiés sur initiative des Services français et de par la fureur aveugle d'Amirouche.

Ferhat Abbas qui suivait en 1958 les sursauts intérieurs, les dérives, parla plusieurs fois, avec amertume, de « l'anti-intellectualisme » de ces seigneurs de la guerre. Les appréhensions d'Abane, au cours de ses derniers mois à Tunis, se vérifiaient.

Moins de quarante ans après, on tue des journalistes, des médecins, des instituteurs, des femmes professeurs ou infirmières, on tue des « diplômés » quand ils ne sont pas au pouvoir, qu'ils ne veulent pas se protéger ou n'y songent pas, quand ils vivent dans des quartiers populaires, quand...

Tuer les justes, puisque les injustes se calfeutrent, s'abritent, continuent à engranger leurs profits. Viser celui qui parle, qui dit « je », qui émet un avis ; qui croit défendre la démocratie. Abattre celui qui se situe sur le passage : de la pluralité de langues, de styles de vie, celui qui se tient en marge, celui qui marche, insoucieux de lui-même ou inventant chaque jour sa personnelle vérité.

Seulement à présent, ayant déversé un tout petit peu de mon inconsolable écœurement, je peux m'avancer vers le corps, vers le cœur, vers le visage et le sourire de Youssef Sebti.

Youssef, poète égorgé, deux jours après Noël 1993, près d'Alger.

Procession 3 (suite)

3. Il va bientôt terminer sa cinquantième année, le poète. Il reste toujours frêle, le visage aigu, la même barbiche fine, les yeux immenses, élargis de fièvre, traversés parfois d'un éclair de tendresse... Encore du jeune homme qu'il fut, de ce charme d'autrefois, en lui, encore sa sensibilité exacerbée, une pensée devenue plus exigeante de se débattre indéfiniment contre la stérilité bureaucratique, contre... de nouveaux monstres soudain apparus. Quelquefois, Sebti a le verbe excessif, lui, l'ami des humbles, des inconnus sur la route, et des étudiants ardents qui le vénèrent, du moins les plus purs comme lui, qui attendent de lui...

Un savoir ? Pas seulement. Il donne des cours de sociologie rurale dans un arabe clair, nerveux, précis ; cette langue est désormais celle de sa poésie aussi, depuis peu — une parole véhémente, écorchée, parfois querelleuse.

Il est tendre, Youssef ; dur et tendre — dur comme un diamant, un diamant brisé, et plutôt que tendre, transparent. Une jeunesse préservée, comme, vingt ans auparavant, au temps de la « bande à Sénac », quand de multiples jeunes gens, confiants et fous de poésie, célébraient en vrac la poésie algérienne et la révolution agraire !... Une jeunesse conservée, mais où subsiste surtout la souffrance de l'enfant né en pleine guerre, dans l'Est algérien, et grandi en « zone interdite » :

> *Je pleure l'été qui se retire*
> *Je songe à la vieillesse*
> *à la mort*
> *qui me dévoreront*
> *bien avant*
> *le retour du printemps.*

C'était le début des années soixante-dix ; il avait trente ans et il commençait son enseignement de sociologue à l'Institut d'agronomie d'El-Harrach.

Vingt ans après. Il se laisse emporter ces derniers temps, parfois contre ses collègues, ou même contre ses amis ; surtout il entretient une étrange ironie contre les « franciscains » (il appelle ainsi, assez durement, les intellectuels francophones, comme s'il humait, chez certains d'entre eux, un esprit de caste). Lui, il demeure toujours au centre des risques, il perçoit les moindres craquements, il pressent l'explosion sourde, il dénonce une utilisation du français « qui ne serait pas langue de civilisation », mais simples bavardage et palabres. Il appelle parfois certains « les mutants en la langue française » ; il n'hésite pas à attaquer l'un ou l'autre des écrivains connus.

Il est poète d'abord, Sebti, il est incorruptible, et sous son apparence physique vulnérable il est invulnérable à la recherche des louanges, du succès. Il ne se prête jamais, en cela d'ailleurs plutôt soupçonneux. Le possède un feu à la Saint-Just, lui dont des écrivains arabophones plus habiles savent utiliser le travail acharné, la patience (on le nommera secrétaire d'une association culturelle placée

216

à l'ombre du grand ironiste de la période classique arabe, el-Djahiz).

— Youssef Sebti, me dit une de ses premières amies, sociologue comme lui, Youssef parlait, s'impliquait avec une telle véhémence... Je le sentais toujours comme une bougie — frêle comme elle, bien sûr, mais surtout se consumant à tout instant ! Il se brûlait lui-même ! Il s'épuisait, à force de sincérité.

J'ajoutai, soudain :

— A force de solitude ?

— Oui, convint-elle, de solitude aussi !

Il est d'abord poète, Youssef (il disait : « La poésie n'est pas seulement de mots. Elle est une modalité d'être... »). En 92, 93, il a des amis et des ennemis. Personne, pourtant, n'aurait songé que son meurtre... Dites-le donc tout haut, amis : à quoi ça sert de tuer un poète ?

Ils l'ont achevé de nuit. Une longue nuit, sous le tableau (une reproduction d'assez grand format) des *Exécutions du 3 mai* de Goya. Sur le mur donc, les fusilleurs n'en finissent pas de fusiller ; les victimes, les bras levés, la face stupéfaite, ne cessent de s'envoler sur le mur.

Cette nuit du lundi 27 décembre, quarante-huit heures après la nuit de Noël, ils sont entrés, trois jeunes inconnus, dans la petite maison (le logement, du temps des Français, du garde champêtre : les voisins au premier, Sebti en bas). Il dormait. Ils n'ont pas fini, dans le fracas, la lutte sourde et un grognement de fauves, de le cerner, une fois ses grands yeux ouverts, lui peut-être encore endormi, lui se disant lentement : « C'est un cauchemar dont je vais, dans un instant, me réveiller », ou se murmurant : « C'est un poème, en action, qui se fait et se défait, c'est un poème noir », se répétant comme dans un de ses derniers textes : « De ceux-là, qui est le diable, qui est l'ange, ou l'ange jouant le diable, et vice versa... » Ils n'en finissent pas de le harceler, de brandir leurs couteaux, de tenter de faire lever dans ses yeux d'enfant l'effroi — pas une once —, l'épouvante — pas un souffle —, peut-être au moins la quête de la clémence, alors que les yeux de Youssef regardent, élargis, luisants de vie :

« *Ils sont enfin venus les messagers de quoi, de quelle haine ou de quelle trahison, de quelle méprise, de l'inaltérable et permanente folie... Je suis, je demeure, vous trois m'aidez à assumer mon rôle commencé à la naissance, je suis l'immolé, je suis le nécessaire et fatal sacrifié, je ne m'appelle plus Youssef : mais Ismaël non remplacé à l'instant du sacrifice, ou alors je suis bien Youssef mais resté pour toujours au fond du puits, ou jeté pour de vrai par ses frères aux dents du loup et lacéré, éternellement lacéré !...*

« *Vous m'immobilisez et je vous tends mon cou, vous me laisseriez à l'instant libre et je vous offrirais de moi-même ma gorge, ainsi que ma révolte irréductible ! Vous, enfin venus !...* »

L'un des trois assaillants a craché quelques phrases :

— Ainsi, aux étudiants, tu dis, et tu redis, et tu t'en vantes, que tu ne crois pas en Dieu, que tu ne crois pas en Son Prophète. Tu le proclames dans tes cours, tu t'en vantes, tu n'es qu'un relaps !...

Et Sebti sourirait presque de se rappeler ses anathèmes en un si bel arabe : sa poésie en effet, en même temps que sa vérité ! La beauté de l'anathème, la faire sentir à ces jeunes esprits, filles et garçons, et que ce soit sur la trace d'al-Mutanabbi, ou d'Abou al-Ala al-Maari, les grands poètes téméraires de notre héritage arabe !

Seconde brève où Youssef Sebti vogue dans les océans passés de la grande poésie !

Et le second bourreau :

— Nous appliquons donc la sentence !

Les yeux immenses de Sebti fixent la lame dans la main de l'exécuteur. Un lointain début de poème, d'il y a au moins vingt ans, ou davantage : il pressentait donc cette nuit de décembre :

> *Je suis né dans l'enfer*
> *J'ai vécu dans l'enfer*
> *et l'enfer est né en moi !*

L'Enfer et la Folie : le titre du recueil avait fait peur aux bureaucrates des éditions nationales : plus de dix années dans un tiroir.

Youssef soudain, en glissant du lit, échappe aux inconnus ; il lutte, il tente de s'approcher de la porte. Tumulte et lutte farouche dans la chambre : les meubles se renversent, le fracas du choc. Les deux tueurs s'étonnent de cette virevolte, le troisième était sorti un court instant aux aguets... Mais ils font peut-être semblant de lui laisser l'espoir d'échapper, avant que d'un coup, ils le plaquent sur le lit — de son seul poignard dans la main droite, le plus décidé des deux l'égorge : les yeux de Youssef restent grands ouverts, tout le long de l'interminable râle.

A quelle heure de la nuit, ou peu avant la toute première aube, expira-t-il ? Les voisins effrayés ; levés dans le noir et terrés derrière les portes ; à travers les persiennes, ils ont vu, longtemps après, des ombres se glisser dans le vaste jardin abandonné.

Ils ont épié encore, les voisins. Ils ne sont pas allés dormir.

Youssef a été longtemps leur ami ; pour certains de leurs adolescents, le bienfaiteur, le conseiller. Ils ont peur. Ils tremblent, le matin arrivé. Ils se terrent. Quand on découvrira le corps — la porte d'ailleurs est restée ouverte —, ils ne veulent pas témoigner. Ils n'ont rien vu, rien entendu. Ils craignent la vengeance, le retour, une des prochaines nuits, des tueurs ; enfin, des maquisards de la montagne peu éloignée.

Ils n'iront pas pleurer l'ami d'hier, les voisins ; ils n'iront pas au cimetière. Ils ne diront mot aux étudiants qui certainement vont affluer...

Ils ne savent rien — rien de rien —, les voisins !

La veille, ce même lundi 27 décembre, une jeune femme, une amie de Youssef, Naïma, se souvient, puis écrira :

« Ce lundi 27 décembre, il faisait beau. Alger resplendissait de ses meilleures couleurs. Dans la voiture qui nous menait sur la place des Martyrs, nous faisions plein de projets, nous parlions d'avenir. Je t'en veux à présent de m'avoir faussé compagnie tout de suite après, à vingt-trois heures dans ton ermitage. Ils étaient trois, tu étais seul. Ils étaient armés et tu avais pour seule parade ton regard si fragile, tes mains légères tels des rameaux d'olivier. L'olivier d'El-Milia, ta terre natale qui ne sera jamais ton linceul. »

A cette lettre d'une vivante à un assassiné, quelques jours après ses funérailles, répond une autre lettre, datée de quinze mois auparavant, et que Sebti adressait à un autre mort — j'allais dire au premier mort de la lourde procession actuelle —, à Boudiaf :

« La liras-tu cette lettre, toi que l'on a surpris par-derrière, alors que tu déchiffrais, une fois de plus, les pages de notre destin national ?

« J'ai oublié de te le dire, cher Mohammed Boudiaf. C'est que la surprise provoquée par ton départ précipité, mais quand même prévisible, m'a laissé en suspens. En suspension. En tension...

« Allons, soyons de glace et voyons que la mort n'est qu'un passage.

« Et dans ce cas mourir — c'est-à-dire se disloquer en une multitude frisant le chaos total — c'est mettre pied à l'étrier de l'absolu ou tout au moins d'une autre unité, c'est-à-dire d'une autre vie ou d'une autre modalité d'être...

« Je t'avoue avoir éprouvé quelque enchantement, une fois ma première stupeur jetée. Content, je le suis, à la façon du fils à qui le père décédé laisse un burnous, un fusil et que sais-je encore.

« Toi, tu nous as laissé ta propreté et l'exercice du pouvoir ne t'aura pas terni, ni sali. Ni noirci...

« Ils t'ont tué dans la grandeur de la générosité qui était la tienne. Avec traîtrise il est vrai, mais avec netteté. »

Cette seule phrase, se dire désormais que l'on peut l'appliquer à toi aussi : « Ils t'ont tué dans la grandeur de la générosité qui était la tienne. » Oui... Ils t'ont tué « avec netteté » : oh oui !

Trois ou quatre jours avant cette sinistre nuit, à l'Institut d'agronomie où tu animais, pour ton plaisir et celui de quelques-uns de tes étudiants les plus fidèles, un atelier d'écriture, tu t'es avancé vers une jeune fille — peut-être l'étudiante en laquelle, le plus, tu croyais — et, avec ton si doux sourire, mais teinté d'une pointe d'ironie, tu lui as tendu quelques feuillets :

— Tiens, je te rends tes derniers poèmes ! Je t'ai déjà dit le bien que j'en pensais !... Mais ils ne peuvent rester chez moi !

Tu hésitas ; la jeune fille, recevant les papiers,

gardait un air interrogateur, ne savait, en fait, comment interpréter ce sourire du professeur — comme une mélancolie soudaine... Tu ajoutas :

— S'ils viennent, un de ces jours, me tuer, que mes affaires soient en ordre.

D'un coup, tu lui tournas le dos. Tu laissas la jeune fille plantée là et le cœur chaviré.

4. Le jeudi 1er décembre 1994, paraît la rubrique quotidienne de Saïd Mekbel au *Matin*. Le maître de l'humour politique prend pour cible un leader d'un parti dorénavant de l'opposition, qu'il attaque, mais, plus que l'objet de la polémique même, c'est, comme très souvent chez Mekbel, le commentaire destiné à le conclure, qui en fait la saveur :

« Mehri a déclaré : "Les présidentielles sont une fausse solution !" A-t-il raison ? N'aurait-il pas mieux valu affirmer : "Les présidentielles sont une solution fausse" ? »

Et Mekbel qui plante, mine de rien, le clou. (Sa rubrique s'intitule « *Mesmar Djha* », c'est-à-dire « le clou » planté par le héros populaire algérien, expert en parole de la dérision : Djha !) Une solution fausse et une fausse solution, ce n'est pas du tout pareil, explique-t-il : « Une fausse solution, c'est une solution qui n'a rien à voir avec le problème posé. Tandis qu'une solution fausse ne résout pas le problème posé », soutient Mekbel avec le goût de la précision qui semble hérité de sa formation scientifique. Puis il conclut, en voilant quelque peu son amertume : « Tout cela pour ajouter que le bout de notre tunnel commencera à être vu quand on aura situé le véritable problème ! »

Le lendemain est un vendredi, réservé pour la prière islamique, et devenu, depuis déjà vingt ans, week-end officialisé en Algérie. C'est aussi un jour sans journaux.

J'imagine fort bien ce jour-là Saïd Mekbel ne sortant pas de sa petite villa qu'il habite aux environs proches d'Alger — logement de fonction qu'il occupe comme cadre de la Société nationale du gaz et de l'électricité, où il fit presque toute sa carrière : le journalisme est plus que son violon d'Ingres, son péché, sa drogue ou son oxygène !...

Il vit là seul depuis quelques mois : son épouse, française, et ses deux garçons, étudiants, n'ont pu supporter davantage — depuis presque deux ans — la tension consécutive aux menaces de mort, par courrier ou au téléphone, que Saïd reçoit. Il les a encouragés à partir, les a accompagnés à l'aéroport, est retourné s'enfermer dans son antre dont il a aménagé et contrôlé, avec une précision maniaque, les dispositifs de sécurité.

Il est, en outre, dorénavant, journaliste à temps plein. Il assume la direction du journal auprès de l'équipe de jeunes qui le vénèrent, pour sa chaleur, sa générosité, son goût des plaisanteries à demi tendres.

Chaque matin, pour aller au journal, chaque soir, pour revenir au logis, c'est à ce moment du trajet aller-retour que s'installe le risque le plus probable d'être visé, puis atteint.

Ce vendredi-là, donc, il n'a pas dû quitter sa maison ; il a dû parler au téléphone avec les siens, puis avec des amis algérois. Vers la fin du jour, après s'être occupé de ses chiens, et sans doute pour dominer le désir d'aller faire un tour — dans le quartier, dans le village : il fait si beau, cette lumière de décembre, dans le ciel, les premiers départs des essaims de martinets, quoi d'autre, une impalpable nostalgie ou une douceur de la solitude, il ne sait... il s'est assis à sa table et il s'est mis à écrire son prochain billet.

Il ne comprend pas : d'ordinaire, dès le début, il s'installe dans la concision ; la brièveté et son intensité lui viennent d'emblée, et là... Cela ne doit pas être un bon jour : il écrit, il écrit et il trouve décidément ce « billet » un peu long ; oui, vraiment, trop long ! Ce n'est pas sa marque ordinaire : un peu plus, et il se jugerait bavard : ce qu'il n'aime vraiment pas (il l'a toujours senti : les bavardages, la prolixité verbale ont pourri ce pays, l'ont sorti de sa culture innée !). Son texte est en fait un véritable article, dans son rythme et dans son raisonnement : comme s'il voulait bénéficier, pour sa prochaine parution, d'une double place ! Comme s'il avait soudain tant et tant à dire... mais pourquoi ?

Il n'achève pas le billet. Ce n'est pas qu'il soit mécontent, non, il est dérangé dans ses habitudes : eh bien, il ne remettra pas demain le papier, il le réservera pour le surlendemain !

Il part le samedi 3 décembre au travail, en laissant le texte inachevé sur son bureau.

L'après-midi de ce même jour, est annoncée à Paris une importante manifestation de multiples associations françaises et émigrées en solidarité avec l'Algérie...

— Cela nous réchauffera le cœur ! dit quelqu'un, parmi ceux qui se pressent, au *Matin*, dans le bureau du directeur.

Mekbel décide, peu après midi, d'aller déjeuner avec deux jeunes collaborateurs, au petit restaurant, juste à côté des bureaux.

Peu après, deux jeunes inconnus se présentent à la table de Saïd Mekbel et lui tirent, l'un après l'autre, deux balles dans la tête. Il est le vingt-septième journaliste assassiné, depuis ce 12 mai 93 où Tahar Djaout fut la première victime.

Sur la petite table, demeurent dans l'attente les dernières interrogations de Saïd :

« J'aimerais bien savoir, commençait-il alors qu'il ne se croyait pas à la veille de sa mort, qui va me tuer ? Mais est-ce cela que j'aimerais d'abord savoir ? Parce qu'il y a d'autres questions, peut-être plus importantes. Par exemple, comment je vais être tué et pourquoi on va me tuer ? Quand on va me tuer ?

« Je remarque que je n'emploie pas le mot assassiner. Pourquoi ? Sans doute parce que je pense qu'assassiner ou tuer, le résultat est le même : dans un cas comme dans un autre, je finirai au fond du même trou. »

Ainsi, ce dernier vendredi, Saïd laisse sa plume courir en suivant le dialogue intérieur qui l'habite... Ce que j'aime chez cet homme de plume — lui que je n'ai rencontré qu'une fois, tout un après-midi, chez lui, en famille : rieur, silencieux, avec une tendresse qu'il ne pouvait cacher sous son apparente timidité —, ce qui le caractérise, dans cette procession dont il est le dernier passager, c'est son goût des mots, du mot de toute langue — mot français, arabe et berbère, son penchant pour le jeu verbal, subtil ou parfois facile, mais jeu pur, oh oui, vraiment jeu pur, et surtout s'il avait vécu ailleurs qu'en Algérie ! Ou justement parce qu'il a vécu en Algérie, qu'il s'est reconnu lui-même, sous le personnage légendaire de cette terre, à la gouaille redoutable : Djha, le nouveau Djha, le faussement naïf et le plus que désespéré, riant et faisant rire, à cause même de cela !

Et je reviens à sa curiosité patiente qui progresse pas à pas, qui alimente une interrogation après l'autre — comme s'il savourait chaque station de sa quête, même à coloration funèbre :

« Tuer ou assassiner ? Va pour tuer. C'est bref, rapide, un mouvement à deux temps comme pan-pan. Tandis qu'assassiner ça fait compliqué, ça va chercher la difficulté, ça appelle le couteau du boucher, plusieurs mouvements chargés de haine et de cruauté. Alors si on ajoute, de plus, "sauvagement assassiné" ou "lâchement et sauvagement", non.

« A la fin du compte, je préfère tuer, ça doit moins faire souffrir. Assassiner, c'est fait pour le lecteur, pour son imagination. Tuer, c'est fait pour la victime. »

Saïd Mekbel a été tué le 3 décembre, dans un petit restaurant algérois où il déjeunait avec ses collègues. Nous le sûmes quelques heures après, au cours de ce défilé parisien, de la place de la République à la Nation, lors de ce samedi ensoleillé.

« La victime est seule, les assassins nombreux et multiples... J'ai parfois grande envie de rencontrer les assassins et surtout les commanditaires... La victime ne sait jamais quand elle va être tuée : les assassins, eux, savent quand ils vont agir. Quelles sont leurs réactions ? Quand ils vont choisir la manière dont ils vont opérer ? Avant, pendant, et après l'assassinat ? Que leur restera-t-il de leur acte ? »

Ainsi, ce 3 décembre, tandis que nous nous dispersons à Paris, que certains se remettent à souffrir de cette douleur inconfortable de trop connaître, de ne plus connaître la nouvelle « victime » — de la savoir, en ce moment ultime, « seule », et d'abord parce que sans nous, nous ailleurs, sains et saufs, malades et saufs, vivants... —, la voix de Saïd reste ardente, audible et ardente au-dessus de sa table de travail. Le texte, bien sûr — ton dernier « clou de Djha » —, tu l'as voulu inachevé, en suspens dans l'air, mais parce que soudain le mur, la muraille, la prison, devant toi, déjà s'effaçait, mais point ta voix, ni ton rire, ni ton interrogation qui nous harcèlera...

Depuis son premier billet — un 23 septembre 1963, pour *Alger républicain* qui ressuscitait, Saïd alors à peine âgé de vingt-deux ans —, sa trace semble poursuivre, d'une curiosité ironique, surtout d'une angoisse masquée (il aura réussi, par chacun de ses « clous » à apprivoiser cette angoisse ancienne), le questionnement sur les autres, les inconnus, les assassins : « Que leur restera-t-il de leur acte ? »

Encore un peu, il les dessinerait, d'un fusain rapide ou d'une encre de Chine destinée à ne pas sécher ; encore un peu, il les désarmerait, lui, de son simple sourire, ou de sa plume cette fois sautillant dans le dérisoire quotidien :

« Mon père n'a pas le moral... Ma sœur Yasmina qui a quatorze ans... Y a notre tante Zouina qui a pronostiqué... Ma mère a dit qu'à l'origine des malaises de mon père, il y a que les démocrates et les républicains du pays agissent dans un savant ordre dispersé qui fait croire que chacun est beaucoup plus préoccupé par son nombril que par tout le reste !... »

Et dans son dernier billet publié de son vivant, il concluait en atténuant sa tristesse :

« En attendant, notre pays est malade de sa république et de sa démocratie. Bien malade ! »

À Bejaia, le 6 décembre 94, comme à Oran le 16 mars précédent pour Abdelkader Alloula, toute une ville se mobilisa, femmes et hommes de toutes conditions, pour faire des funérailles de prince à l'un de ses meilleurs fils. L'oraison funèbre, après la lecture de « la prière de l'absent » fut prononcée par Omar Belhouchet, le directeur d'*El-Watan*.

Ses multiples confrères répétaient avec rage, dans leur marche vers le cimetière, au-dessus de l'immense baie, ces deux vers improvisés :

> *Sahafiyin hr'ar*
> *Ma ya' Quablouch el' ar !*

> *Les journalistes, les braves*
> *N'accepteront jamais le mal !*

La liste des journalistes victimes — « tués », plutôt qu'« assassinés », dirait, l'œil malicieux, Mekbel — a dépassé la quarantaine, au cours de ces derniers six mois, dans ce pays « malade de sa république et de sa démocratie ».

IV

Ecrire le blanc de l'Algérie

> « L'effacement, l'enfermement, le refoule-
> ment, l'encerclement, autant de négativi-
> tés qui assaillent depuis l'origine, pour un
> noir destin, cette terre âpre et drue où la
> féminité même semble ne faire qu'exaspé-
> rer une cruauté diffuse.
>
> « Oui, vaste est la prison algérienne ! »

> Jacques BERQUE
> lettre à A.D., 2.6.95
> (cinq jours avant sa mort).

1. D'autres parlent de l'Algérie, la décrivent, l'interpellent ; ils tentent, s'imaginent-ils, d'éclairer son chemin. Quel chemin ?

La moitié de la terre Algérie vient d'être saisie par des ténèbres mouvantes, effrayantes et parfois hideuses... Il n'y a donc plus seulement la nuit des femmes parquées, resserrées, exploitées comme simples génitrices — et ce, des générations durant !

Quel chemin, c'est-à-dire quel avenir ?

D'autres savent, ou s'interrogent... D'autres, certains compatriotes, comme moi, chaque matin soucieux, tremblants parfois, vont aux nouvelles, eux que l'exil taraude.

D'autres écrivent « sur » l'Algérie, sur son malheur fertile, sur ses monstres réapparus.

Moi, je me suis simplement retrouvée, dans ces pages, avec quelques amis. Moi, j'ai désiré me rapprocher d'eux, de la frontière que je découvre irréversible et qui tente de me séparer d'eux... Moi, écrivant ici, j'ai eu enfin quelques larmes sur la joue : larmes soudain adoucies, parce que je voyais distinctement le demi-sourire de M'Hamed Boukhobza (« *tafla* » disait-il en parlant de moi, me rapporte l'ami commun — « la petite ? » dois-je traduire, surprise) ; parce que je contemple l'image précise de Kader marchant dans les rues d'Oran — sa démarche haute, son visage apaisé et serein, son regard brillant, son aisance de seigneur modeste, et parfois son rire indulgent ou secret — ; j'ai dansé à nouveau avec Mahfoud Boucebci, lui dont le regard se tourmente, par éclairs...

Moi, je me suis rapprochée de ceux que j'aime, qui vivent encore auprès de moi. Je regrette de n'avoir jamais su leur dire, de n'avoir pas osé avouer mon affection pour eux ; je souffre d'avoir causé du chagrin, une fois — une seule fois, il est vrai — à Kader, Kader et sa bonté, sa patience inépuisables !

Je m'attriste de n'avoir pas annulé un voyage pour rester à Paris et donc de n'avoir pas bavardé une ultime soirée avec Mahfoud — je ne savais pas, je ne m'imaginais pas qu'ils allaient partir, eux, s'évanouir un jour, se dissoudre.

J'écris et je sèche quelques larmes. Je ne crois pas en leur mort : en cela, pour moi, elle est inachevée.

D'autres parlent de l'Algérie qu'ils aiment, qu'ils connaissent, qu'ils fréquentent. Moi, grâce à quelques-uns de mes amis couchés là dans ce texte

— et de quelques confrères, trop tôt évanouis —, le dernier jour, certains écrivaient encore : des poèmes, un article, une page en cours d'un roman destiné à rester inachevé —, moi, opiniâtre, je les ressuscite, ou je m'imagine le faire.

Oui, tant d'autres parlent de l'Algérie, avec ferveur ou avec colère. Moi, m'adressant à mes disparus et réconfortée par eux, je la rêve.

2. Je compte soudain, je décompte combien d'écrivains (poètes, essayistes, romanciers) en langue française — cela pourrait être en arabe ou en berbère, qu'importe — vont se retrouver approchant immanquablement du trépas, la plume ou le *kalam* à la main, puis y tomber.

Tout écrivain, comme n'importe quel lettré ou analphabète, est mortel. Pourquoi, sur la terre Algérie et en cette année 95 précisément, suis-je à ce point obsédée par l'accouplement de la mort — cette monture noire et de race — avec l'écriture ?

Par solidarité de condition ? Non. Par, en quelque sorte, une autodéfense dans l'immédiat — augures vous m'êtes, mes amis ou mes confrères qui vous retournez à peine pour un sourire et vous m'appelleriez ? Peut-être pas.

L'écriture du journaliste, en Algérie comme en Egypte, en Amérique centrale ou ailleurs, expose aux balles, à l'attentat ciblé. Certes, l'écrivain, qu'il se veuille, dans son pays en crise, journaliste ou témoin, qu'il soit happé par cette ligne de fuite, n'est pas spécificité algérienne.

Si j'ai intitulé ce parcours interrogateur qui tente de préciser les circonstances, parfois anecdotiques, de l'accident, de l'attentat ou du vertige suicidaire, « la mort inachevée », c'est sans doute

— était-ce une intuition première qui s'est mise à me tenailler ? — que la littérature écrite, tout au long de ce siècle, à la fois à partir de la parution de *Nedjma,* de Kateb Yacine, en 1956, et de janvier 60, lorsque Camus, pas encore quinquagénaire, laisse une sorte de vide fraternel (à cause de l'inachèvement de ce qui allait être son « grand roman algérien ») —, que cette littérature a vécu dans les transes ses débuts, disons même son envol ; à peine plus de trente ans après, elle connaît, avec de plus en plus d'évidence, des écroulements.

Ecrire en Algérie pour la disparition ? En dépit d'elle, certes, et à la fois à côté d'elle ? A côté pour célébrer des noces, des rires, un éblouissement — autant dire, un soleil fixe. Peut-être tout autant (je perçois la métaphore parce que je suis femme) écrire au début, écrire le début (commencement de soi et des autres, je veux dire des sœurs, des aïeules réveillées, des fillettes échappées sur la route), écrire le départ amorcé, le seuil entrouvert, la route éclairée soudain jusqu'au ciel, le voyage étiré à l'infini, oh oui, ainsi écrire, ce serait garder au-dessus de sa tête, planant et placide, une lune pleine.

Lune protectrice : « *Badra* », prénom de bon augure. Les nuits de pleine lune ne sont jamais rives de la mort, mais fontaines de l'espoir, annonciatrices d'amour pour nous en abreuver.

Danses nocturnes, bacchanales d'innocence que promettent de tels itinéraires pour adolescentes scribes, pour voleuses d'écriture, pour fugueuses vives, pour dames opulentes portant dans leurs mains jointes les lettres secrètes de l'alphabet préservé.

Ecrire en Algérie, serait-ce cette mort inachevée

qui devient carrefour houleux : franges du désert qui remonte, caravane égarée dans un présent mouvant qui aveugle ? Serait-ce ce legs qu'Isabelle Eberhardt aurait, en un éclair, pressenti dans les dernières secondes de sa fragile vie, juste avant que l'eau qui mugissait ne la cerne ? Isabelle, mystique et marginale, musulmane et femme libre, parlant le russe et l'arabe, mais écrivant en français.

A l'autre bout du siècle, Josie, ma sœur aînée, s'est envolée, elle, par la fenêtre, et son ultime regard a caressé les terrasses d'El-Biar que, quelques mois avant, le sang de jeunes révoltés, par centaines, avait purifiées.

Deux voyageuses venues en Algérie pour s'y fixer, s'émerveiller, souffrir, écrire. Deux femmes adoptées, adoptant d'emblée le silence et la fièvre de tous ceux qu'elles rencontrèrent et qu'elles connurent entravés.

La mort vraiment inachevée ? Plutôt, pour moi aujourd'hui, si je persiste à continuer, la mort à apprivoiser — et ce, dans une nuit algérienne qui n'est plus coloniale.

Certains me reprocheront d'avoir négligé, dans ma procession tracée en étapes, les écrivains de langue arabe (le jeune poète Houhou de Constantine, mort au maquis, ainsi que l'auteur de l'hymne national, Moufdy Zacharia, mort plus tard en exil).

Evoquerai-je, comme dans la langue espagnole — la plus proche, après tout, pour nous, parmi nos métissages européens — elle qui parle de « donner dans le blanc », c'est-à-dire de tirer dans la cible, évoquerai-je pareillement le blanc pour moi ? La plus riche des couleurs qui trompe le moins possible, c'est bien cette flaque ronde de la langue en moi, en nous — langue de l'Autre, devenue pour certains tunique, voile ou armure, mais elle est, pour les plus rares, quasiment leur peau !

En amont de cette mouvance, permanence de la langue-roche tellement plus ancienne, elle si long-temps non écrite, et que chevauche également la mort profilée : en ouverture du siècle meurent les deux poètes Mohand — Mohand ou Lhocine, Cheikh de Takka, et Mohand ou Mhand, le voyou — le saint visionnaire dans le métal de la langue et l'aède vagabond, ivre de vin, de femmes et d'amertume.

En arrière, mort déjà plus de vingt ans avant eux, le plus grand écrivain et poète arabe d'Algérie — au siècle dernier et au cours de ce siècle même — l'émir Abdelkader el-Djazaïri, l'auteur inspiré du *Livre des haltes (Kitab el-Mawaqef)*.

Trio exemplaire pour inaugurer la littérature algérienne d'aujourd'hui, elle qui va s'écrabouiller la face, en cette ultime décennie, dans le sang et la haine.

3. Deux corps paternels transportés — déména-gés malgré leur sommeil séculaire : l'un, saint Augustin, expulsé et l'autre, l'émir Abdelkader, ramené. Terre du va-et-vient ; du va-et-vient des morts, des dépouilles, des ossements ; patrie où l'on ne cesse de négocier les cadavres — et comme aujourd'hui hélas, moins leurs œuvres, leurs mots, leur lumière préservée que ce qui reste du corps : un squelette, un ongle, un cheveu, une relique en somme, qui permettra l'érection des statues, le flux des discours, n'importe quelle cérémonie.

Terre des pères évanouis, toujours absents et qu'on peut dès lors invoquer à satiété, masquer, trahir, qu'on peut oublier ! Pullulent désormais les fils orphelins, obscurcis, courant derrière leur visage, leur félonie, leur forfanterie, avec leur cruauté de chacals enragés ! Certes oui, fils sans pères et craignant à jamais le regard ressuscité de ces derniers, si par malheur il revenait se poser, vivant, sur eux !

Un beau jour, ils ont dit — c'était d'abord au temps de Ben Bella — qu'ils désiraient ramener en sa terre natale le corps du grand héros : l'émir Abdelkader. Ils ont fini par réaliser le transport — ce fut au temps de Boumediene : cérémonies, photographies et reportages, discours ; pour finir une misérable statuette posée dans un étroit carrefour du centre-ville.

Ce n'est pas vrai : le corps d'Abdelkader n'est pas vraiment revenu !

Ils ont dit qu'il était normal que le héros de l'indépendance algérienne puisse enfin se reposer dans le pays de ses ancêtres, une fois ce pays libéré. Ce n'est pas vrai : simple illusion : il ne se repose pas, et s'il est vraiment là, je sais, je suis sûre qu'il se tourne et qu'il se retourne.

Il avait, lui, dans ses dernières années, vraiment souhaité dormir à la mosquée des Omeyyades de Damas où gît en béatitude son maître Ibn Arabi... Abdelkader, mort en sérénité à Damas !

En cette année 1966, on ne s'est pas hâté d'éditer les poèmes d'Abdelkader, de les chanter, de les enseigner, de rappeler le message spirituel de ses dernières méditations, et en même temps d'étudier ses stratégies de guerrier, sa technique de mobilité, sa vaillance seule contre tous !... Non. Les écoles partout s'ouvriront dans la jeune et nouvelle Algérie, les universités se multiplieront : mais on ne trouvera pas encore de place pour la beauté créatrice, pour l'intelligence et la sagesse d'Abdelkader !

Seul son nom, ou tout au moins son prénom, formellement confisqué. Ensuite, son corps transporté !

Boumediene, second président du nouvel Etat, suit, sans le savoir, l'exemple de Liutprand, le roi lombard.

En 732 ap, J.-C., ce souverain si pieux regarde vers la Sardaigne — où a été déjà transporté, depuis deux siècles, le corps du Père de l'Eglise, saint Augustin l'Algérien, lui que l'un des rois vandales aryens expulsa, à la fin du Ve siècle, vers Cagliari. Liutprand donc, s'apercevant de la menace cette fois des musulmans arrivant en Espagne et se rapprochant de la Sicile et de la Sardaigne, Liutprand veut préserver le corps du père de tous les chrétiens. Il envoie ses ambassadeurs, ses émissaires, ses dignitaires ; qu'ils accompagnent, une fois la relique de saint Augustin ramenée de Cagliari à Gênes, la majestueuse procession qui va avec solennité transporter l'auteur de *La Cité de Dieu* jusqu'à la capitale de Liutprand : à Pavie. Il y demeure encore aujourd'hui.

Durant les six siècles suivants (lorsque arrive Dante Alighieri, il en témoignera au point qu'on inscrira deux vers de son *Paradis* sur la façade de l'église San Pietro in Ciel d'Oro qui abrite le mausolée), les moines, les poètes, les simples croyants afflueront en pèlerins devant le corps d'Augustin. Mais aussi sa pensée, ses livres, ses admonestations, ses diatribes, ses envolées vont circuler sur les routes d'Occident, habiter nombre de monastères et lieux tout autant d'écriture que de prières !

En cette année 1966, le chef de l'Etat algérien, croyant ainsi légitimer son nouveau pouvoir, veut décidément le corps d'Abdelkader, qui repose à Damas.

On envoie des messagers pour l'ultime tracta-
tion, puisque l'émir a laissé descendance fort nombreuse, et qu'au début du siècle, le seul de ses
petits-fils revenu pour une vie et carrière algérienne, l'émir Khaled, s'est trouvé chassé honteusement de ce pays.

Le descendant de la famille, habilité pour décider au nom de tous, réside à Damas ; c'est un *Dja-
zaïri*, homme de science et de cabinet. Il parlemente avec les messagers du président d'Alger. Il
ne veut rien pour lui. Il n'ira pas, lui, en terre
ancestrale. Mais c'est à lui à donner l'accord pour
que le corps d'Abdelkader quitte la mosquée des
Omeyyades et retourne là-bas.

Là-bas ? On lui décrit le « peuple » qui attend,
les festivités programmées, la statue commandée
en Italie, le cérémonial... L'héritier d'Abdelkader
écoute tout ; ne bronche pas. Finit par dire :

— Mon fils, un de mes fils est chez vous !

— En Algérie ? s'étonne-t-on.

— Oui.

— Mais où ?

— Dans vos prisons ; cela fait plus d'un an !

Stupéfaction. Personne ne savait. Le président
ignorait. Un des descendants directs du grand
résistant dans des prisons d'Alger ? Etonnement. Il
semble, disent-ils, qu'il n'y avait que des communistes, ou d'autres du même acabit, arrêtés
— empêchés de nuire.

— Justement, mon fils l'est. Pour ses idées (ce
ne sont pas les miennes, mais c'est mon fils), il a
été incarcéré ; il a été torturé !

Méprise ; affreuse méprise, dit-on. C'est vrai que
l'héritier ne s'est pas fait connaître comme tel, simplement comme militant d'une autre cause.

— Mon fils, libérez mon fils, et vous pourrez
transporter chez vous mon aïeul !

Il semble avoir donné son accord en ces termes :
« Vous pourrez transporter chez vous ! »

C'est pourquoi le vieil homme, qui ne quittera son cabinet de travail de Damas pour aucune des splendeurs de la baie d'Alger, lui qui négocie la liberté de son plus jeune fils, sourit : même les os d'Abdelkader transportés, il sait que c'est pure apparence.

Il sait que son aïeul dort toujours près de son maître Ibn Arabi, bienheureux et serein. Que là-bas, sur la terre là-bas, libérée, dit-on, grâce à un million de sacrifiés, que là-bas les poèmes d'amour terrestre et divin de l'aïeul finiront bien, un jour, par circuler, par faire au-dessus des dunes, des oueds, des monts enneigés, un cercle immense, une musique, une couronne !... Alors seulement, le corps réellement suivra !

Abdelkader ibn Mahieddine el-Djazaïri dort pro-bablement toujours à Damas...

Sa statue dressée au milieu d'un carrefour popu-leux, son mausolée installé au Carré des Martyrs, à El-Alia à Alger, Abdelkader, s'il est vraiment revenu sur cette terre où il fut d'abord soldat, pour-rait décompter mieux que moi la liste de ceux qui écrivent et que, au milieu de tant d'autres, l'on per-sécute, l'on étouffe, l'on pousse au suicide, à l'asphyxie ou que, par l'intermédiaire de jeunes désespérés, transformés en tueurs à gages, d'un coup l'on abat.

Dans ce récit, je n'ai évoqué que quelques-uns de ceux-ci qui, sur le bord ou dans le puits de l'écri-ture, sont tombés — effacés, noyés et déjà oubliés, exécutés.

Si Abdelkader, vraiment revenu à Alger, se levait chaque nuit pour errer, fantôme de ces années quatre-vingt-dix, si l'Emir — le seul véritable prince d'Algérie — se mettait chaque nuit à errer, fantôme de ces années quatre-vingt-dix, si l'Emir donc se mettait à scruter tendrement tous ceux qui n'ont pas eu, eux, le temps de se préparer à l'issue finale, sûrement, il en compterait bien plus que vingt, ou quarante : au moins quarante mille !

Il frémirait, il serait troublé. Peu importe, dirait-il, l'écriture, mais laissez aux créatures de Dieu leur chance d'affronter, par elles-mêmes, leur propre mort ; laissez-les « donner dans le blanc », viser elles-mêmes, pour leur salut ou leur perte, dans le blanc.

Le blanc de l'Algérie.

4. Aujourd'hui, en Algérie, à la suite de meurtres en série d'écrivains, de journalistes et d'intellectuels, auxquels répond une répression accrue — seule politique brandie contre un intégrisme religieux décidé à prendre le pouvoir coûte que coûte —, devant ces convulsions qui plongent mon pays dans une guerre qui ne dit pas son nom, qui à nouveau, est nommée « événements » dans ce retour de la violence et de son vocabulaire anesthésiant, qu'est-ce que le « blanc » (le blanc de la poussière, de la lumière sans soleil, de la dilution...), et pourquoi le dire ici ?

Je ne peux pour ma part exprimer mon malaise d'écrivain et d'Algérienne que par référence à cette couleur, ou plutôt à cette non-couleur. « Le blanc, sur notre âme, agit comme le silence absolu », disait Kandinsky. Me voici, par ce rappel de la peinture abstraite, en train d'amorcer un discours en quelque sorte déporté.

Or les bords de la faille se sont entrouverts, sans doute irréversiblement ; ils ont emporté dans l'abîme de nombreux intellectuels, les uns les plus audacieux, les autres parmi les plus discrets, et ce, au hasard d'une loterie sanglante. Un tel enchaînement de la violence, et son accélération aveugle, accentuent certes la vanité du dire, mais aussi sa nécessité.

Une parole qui ne serait pas d'abord de passion, qui, tout en tâtant dans le noir les limites de sa portée, saurait sa fragilité, et même son inanité, s'il est vraiment trop tard... Mais, sous le ciel plombé où elle se déploie, qu'elle débusque pour commencer les pièges et les ambiguïtés : le fait, par exemple, que l'accaparement médiatique de toute résistance intellectuelle n'aboutit qu'à un brouillage accru, la zone de blanc des projecteurs élargissant le désert...

Car je suis hantée pour ma part — et ce, avant même ces orages — par un long et durable état de morbidité dans lequel se débat la culture algérienne, le discours sécrétant et attisant les ferments latents de discorde — non point seulement à cause de l'évidente usure à la fois du verbe politique, devenu très vite ratiocination, et du constat sociothéorique enfermé dans son savoir ou son jargon —, non.

Il m'a souvent semblé que, dans une Algérie de plus en plus fragmentée culturellement (où la ségrégation sexuelle de la tradition a accentué les verrous), toute parole de nécessité s'ébréchait avant même de se trouver, à la lueur tremblante de sa seule quête... Je ne suis pourtant mue que par cette exigence-là, d'une parole devant l'imminence du désastre.

L'écriture et son urgence.

L'écriture pour dire l'Algérie qui vacille et pour laquelle d'aucuns préparent déjà le blanc du linceul.

La littérature algérienne — et il faut la commencer à partir d'Apulée au IIe siècle jusqu'à Kateb Yacine et Mouloud Mammeri, en passant par Augustin, l'émir Abdelkader et Albert Camus — s'est inscrite constamment dans un triangle linguistique :

— une langue du roc et du sol, disons de l'origine, le libyco-berbère qui perdit momentanément son alphabet, sauf chez les Touareg ;

— une deuxième langue, celle du dehors prestigieux de l'héritage méditerranéen — ou oriental ou occidental —, réservée certes à des minorités lettrées, ce que fut hier l'arabe maintenu longtemps, pendant la colonisation, à l'ombre du français officiel, ce que devient aujourd'hui le français marginalisé quand il est créatif et critique, auquel on ne prétend s'intéresser dorénavant dans les lycées et à l'université que « comme langue des sciences et des techniques » ;

— troisième partenaire de ce couple à trois, se présente la plus exposée des langues, la dominante, la publique, la langue du pouvoir : celle des harangues, mais aussi celle, écrite, des légistes, des scribes et des notaires. Ce rôle fut assumé tour à tour par le latin jusqu'à Augustin, par l'arabe classique au Moyen Age, par le turc qui, au moment du Royaume d'Alger, s'empara du champ administratif et militaire (l'Etat d'Alger abdiqua devant les généraux français, en langue... turque !). Après 1830, le français entra en scène en habits d'apparat colonial.

Présentement, à nouveau, l'arabe dit moderne, qu'on enseigne à la jeunesse sous le terme pompeux de « langue nationale ».

La médiocrité institutionnalisée du système éducatif depuis 1962 — en dépit d'un effort certain d'alphabétisation pour une population qui tripla presque en trente ans — s'exerça sur deux plans : promouvoir la « langue nationale » en restreignant d'autorité l'espace vivant des autres langues ; puis, en sus de ce monolinguisme stérilisant, la diglossie propre à l'arabe (cette variabilité verticale de structure qui peut donner à l'enfant en formation une agilité d'esprit précieuse) fut la plus mal gérée, comparativement aux autres pays arabes, et cela par la mise au ban d'un dialecte vivace dans son irisation régionale, subtil par sa force de contestation et de rêve.

Ainsi, le déni du génie de tout un peuple est allé de pair avec la suspicion entretenue à l'égard de la minorité d'écrivains francophones dont la production, en dépit de tout ou faute de mieux, dans l'exil se maintenait.

Jacques Berque déclarant en 1992 que « l'islamisme se veut une modernité matérielle, tout en refusant les soubassements intellectuels » en vient à l'Algérie et à ses choix linguistiques : « Elle vit, dit-il, une situation qui n'exista dans aucun des vingt autres pays arabes », confrontés, eux aussi, à la diglossie, avec la présence d'une ou deux langues secondes. « On peut dire, conclut-il, que l'Algérie a le talent de faire un problème majeur de quelque chose qui était au départ une supériorité ! »

L'écriture et l'Algérie comme territoires. Le désert de l'écriture, « ce qui, du blanc indéfini qui entame, reconstitue la marge », disait le poète André du Bouchet, en 1986, dans la maison même de Hölderlin, à Tübingen.

Et le blanc de l'Algérie, « désaccordée comme par la neige » ?

J'ai paru m'attarder sur les ruines d'un savoir

déliquescent dont l'échec pathétique aurait dû nous annoncer beaucoup plus tôt les prodromes de la première explosion : celle d'octobre 88.

Six cents cadavres de jeunes au soleil : cette saignée à blanc de l'avenir n'eut droit à nulle déploration liturgique dans aucune des trois langues ni dans la symphonie des trois conjuguées : où gisait donc la poésie, et ses cimes, et ses abîmes ? L'aphasie qui nous saisit tous n'était plus condamnation ; un masque sur une face révulsée.

Kateb Yacine, que je revoyais à Bruxelles un mois après, se taisait, s'acharnait à se taire. Quand il se décida, peu après, à s'exiler de nouveau pour écrire, écrire sa rage sans nul doute, la leucémie — maladie blanche — l'emporta.

Le blanc de l'écriture, dans une Algérie non traduite ? Pour l'instant, l'Algérie de la douleur, sans écriture ; pour l'instant, une Algérie sang-écriture, hélas !

Comment dès lors porter le deuil de nos amis, de nos confrères, sans auparavant avoir cherché à comprendre le pourquoi des funérailles d'hier, celles de l'utopie algérienne ?

Blanc d'une aube qui fut souillée.

Dans la brillance de ce désert-là, dans le retrait de l'écriture en quête d'une langue hors les langues, en s'appliquant à effacer ardemment en soi toutes les fureurs de l'autodévoration collective, retrouver un « dedans de la parole » qui, seul, demeure notre patrie féconde.

Paris, avril-juillet 1995.

Les écrivains d'Algérie
dont la mort a été évoquée

1. Albert CAMUS : romancier, auteur dramatique, mort le 4 janvier 1960, à 47 ans, sur la route de Villeblevin, Yonne (accident de voiture).

2. Frantz FANON : essayiste, psychiatre, mort le 6 décembre 1961, à 36 ans, près de New York (leucémie).

3. Mouloud FERAOUN : romancier, mort le 15 mars 1962, à 49 ans, à Alger (assassiné par l'O.A.S.).

4. Jean AMROUCHE : poète, mort le 16 avril 1962, à 56 ans, à Paris (cancer).

5. Jean SENAC : poète, mort le 30 août 1973, à 47 ans, à Alger (assassiné).

6. Malek HADDAD : poète, romancier, mort le 2 juin 1976, à 51 ans, à Alger (cancer).

7. Mouloud MAMMERI : romancier, mort le 25 février 1989, à 71 ans, sur la route d'Aïn-Defla, Algérie (accident de voiture).

8. KATEB Yacine : romancier, auteur dramatique, mort le 28 octobre 1989, à 60 ans, à Grenoble (leucémie).

9. Anna GREKI : poétesse, morte le 5 janvier 1966, à 35 ans, à Alger (intervention chirurgicale).

10. Taos AMROUCHE : romancière et cantatrice, morte le 2 avril 1976, à 63 ans, à Paris (cancer).

11. Josie FANON : journaliste, morte le 13 juillet 1989, à 60 ans, à El-Biar (Alger) (suicide).

12. Bachir HADJ ALI : poète, mort le 11 mai 1991, à 71 ans, à Alger (très longue maladie).

13. Tahar DJAOUT : romancier et journaliste, mort le 3 juin 1993, à 39 ans, à Alger (assassiné).

14. Youssef SEBTI : poète, mort le 27 décembre 1993, à 50 ans, près d'Alger (assassiné).

15. Saïd MEKBEL : journaliste, mort le 3 décembre 1994, à 53 ans, à Alger (assassiné).

Et également :

16. Mahfoud BOUCEBCI : psychiatre et auteur, mort le 15 juin 1993, à 54 ans, à Birmandreis (Alger) (assassiné).

17. M'Hamed BOUKHOBZA : sociologue et auteur, mort le 27 juin 1993, à 55 ans, à Alger (assassiné).

18. Abdelkader ALLOULA : auteur dramatique, atteint le 11 mars 1993, à Oran, mort à Paris le 15 mars, à 55 ans (assassiné).

Egalement :

19. Une directrice de collège (non nommée) morte en octobre 1994, à 45 ans, à Birmandreis (Alger) (assassinée).

Je tiens à remercier vivement ceux dont les souvenirs et le travail d'enquête m'ont permis de mieux éclairer certaines scènes de ce récit. En particulier :

Ali ZAAMOUM : *Tamurt Imazighen* (« Mémoires d'un survivant »), éditions Rahma, Alger, 1992.

Jean-Philippe OULD AOUDIA : *L'Assassinat du Château-Royal*, Tirésias, 1992.

Djamila AMRANE : *Des Algériennes dans la guerre*, Plon, Paris, 1993.

Bibliographie (pour les deux chapitres sur la guerre d'Algérie) :

Khalfa MAMMERI : *Abane Ramdane* (biographie), éditions Rahma, 1991.

Mohammed LEBDJAOUI : *Vérités sur la Révolution algérienne*, Gallimard, 1970.

Mohammed HARBI : *Le F.L.N. Mirage et réalité*, éditions Jeune Afrique, 1980.

Benjamin STORA : *La Gangrène et l'Oubli*, éd. La Découverte, 1993.

Yves COURRIERE : *Le Temps des colonels*, Fayard, 1970.

Henri JACQUIN : *La Guerre secrète en Algérie*, Olivier Orban, 1977.

Je tiens à remercier quelques amis dont les témoignages m'ont permis d'évoquer des scènes auxquelles je n'ai pas été présente, notamment :

Farida et Djaffar LESBET
Abderahmane TADJEDINE
Khelil HAMDANE
Zohra SIAGH
Alice CHERKI
Laurence BOURDIL
Nadjet KHEDDA.

Table

Du même auteur :

Prix Maurice-Maeterlinck (Bruxelles) – 1995.

International Literary Neustadt Prize
(Etats-Unis) – 1996.

Prix international de Palmi (Italie) – 1998.

Prix de la Paix (Allemagne) – 2000.

La Soif, roman, Julliard, 1957.

Les Impatients, roman, Julliard, 1958.

Les Enfants du nouveau monde,
roman, Julliard, 1962.

Les Alouettes naïves, roman, Julliard, 1967.

L'Amour, la fantasia, roman, 1re édition 1985 ;
Albin Michel, 1995.

Ombre sultane, roman, Lattès, 1987.

Prix Liberatur (Francfort) – 1989.

Loin de Médine, roman, Albin Michel, 1991.

Chronique d'un été algérien, Plume, 1993.

Vaste est la prison, roman, Albin Michel, 1995.

Oran, langue morte, nouvelles, Actes Sud, 1997.

Prix Marguerite Yourcenar (Etats-Unis).

Les Nuits de Strasbourg, roman, Actes Sud, 1997.

Ces voix qui m'assiègent, essai, Albin Michel, 1999.

La Femme sans sépulture, roman, Albin Michel, 2002.

FILMS
(LONGS MÉTRAGES)

La Nouba des femmes du mont Chenoua, 1978.

Prix de la critique internationale – Biennale de Venise (Italie), 1979.

La Zerda ou les chants de l'oubli, 1982.

THÉÂTRE

Filles d'Ismael dans le vent et la tempête,
drame musical en V actes, 2000.

Aïcha et les femmes de Médine,
drame musical en III actes, 2001.

Composition réalisée par JOUVE

IMPRIMÉ EN ALLEMAGNE PAR ELSNERDRUCK
Dépôt légal Éditeur : 24365-09/2002
LIBRAIRIE GÉNÉRALE FRANÇAISE - 43, quai de Grenelle - 75015 Paris.
ISBN : 2 - 253 - 15340 - 0

◈ 31/5340/0